GO!
독학 광둥어
단어장

시원스쿨중국어연구소 · SOW Publishing 지음

GO! 독학 광둥어 단어장

초판 2쇄 발행 2023년 6월 19일

지은이 시원스쿨중국어연구소 · SOW Publishing
펴낸곳 (주)에스제이더블유인터내셔널
펴낸이 양홍걸 이시원

홈페이지 china.siwonschool.com
주소 서울시 영등포구 국회대로74길 12 시원스쿨
교재 구입 문의 02)2014-8151
고객센터 02)6409-0878

ISBN 979-11-6150-705-7
Number 1-450102-17181800-04

GO! 독학 광둥어 단어장

CONTENTS

이 책의 구성과 활용

상황별 대화

재미있는 그림으로 이루어진 대화문을 통해 학습할 내용을 쉽게 이해할 수 있습니다. 또한 광둥어, 중국어, 영어, 한국어 총 4가지 언어를 제시하여 초보자도 쉽게 접근할 수 있도록 하였습니다.

그림으로 배우는 단어

일상생활에서 활용도가 높은 단어를 엄선하여 주제별로 분류하였습니다. 다양한 주제별 단어를 그림과 함께 익힐 수 있어 보다 쉽게 단어를 기억할 수 있습니다.

표현 정리

각 주제와 관련된 주요 표현을 표 형식으로 일목요연하게 정리하여 보다 효율적으로 학습이 가능합니다.

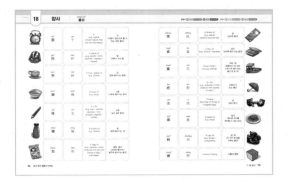

MP3 음원 활용법

이 책의 음원은 실제 현지인과의 대화 상황에 미리 적응하기 위해 **광둥어**와 중국어 각각 느린 속도와
보통 속도로 녹음하였습니다. 음원을 많이 듣고 따라 말하면서 속도에 적응해 보세요!

광둥어 🔊 느린 속도 MP3 1-01 🔊 보통 속도 MP3 1-02
중국어 🔊 느린 속도 MP3 1-01 🔊 보통 속도 MP3 1-02

MP3 무료 다운로드

china.siwonschool.com
홈페이지 접속 ▶ 학습 지원 센터 ▶ 공부 자료실에서 다운로드 받으실 수 있습니다.

gei¹ bun²

基本

기본

Nei⁵ hou² ma³?
你好嗎？

Nǐ hǎo ma?
你好吗？

How are you?

안녕하세요?

Hou² noi⁶ mou⁵ gin³.
好耐冇見。

Hǎo jiǔ bú jiàn le.
好久不见了。

Haven't seen you
for a long time.

오랜만이에요.

Zhöü³ gan⁶ dim² a³?
最近點呀？

Zuì jìn guò de zěn me yàng? / Zuì jìn hái hǎo ma?
最近过得怎么样？ / 最近还好吗？

What's going on? /
How are you doing these days?

요즘 어떻게 지냈어요?

Ting¹ yat⁶ gin³.
聽日見。

Míng tiān jiàn.
明天见。

See you tomorrow.

내일 봐요.

(Dei⁶ fong¹) ~hai² bin¹ dou⁶ a³?
（地方）~喺邊度呀？

(Dì fang) ~zài nǎ li a?
（地方）~在哪里啊？

Where is ~(place)?

~는 어디에 있어요?

Yi⁴ ga¹ gei² do¹ dim² a³?	Xiàn zài jǐ diǎn a?		
而家幾多點呀？	现在几点啊？	What time is it now?	지금 몇 시예요?

Saang¹ yat⁶ faai³ lok⁶!
生日快樂！

Shēng ri kuài lè!
生日快乐！

Happy birthday!

생일 축하해요!

Do¹ zhe⁶.
多謝。

Xiè xie.
谢谢。

Thanks.

고맙습니다, 감사합니다.

M⁴ sai² haak³ hei³.
唔使客氣。

Bú kè qi.
不客气。

You are welcome.

천만에요.

Nei⁵ hou², ngo⁵ giu³ zhou⁶~.
你好，我叫做~。

Nǐ hǎo, wǒ jiào~.
你好，我叫～。

Hello. My name is~.

안녕하세요. 저는 ～라고 합니다.

Nei⁵ giu³ zhou⁶ mat¹ ye⁵ meng² a³?
你叫做乜嘢名呀？

Nǐ jiào shén me míng zi?
你叫什么名字？

How may I address you? /
What is your name?

성함이 어떻게 되세요?

Hou² gou¹ hing³ ying⁶ sik¹ nei⁵.
好高興認識你。

Hěn gāo xìng rèn shi nǐ.
很高兴认识你。

Nice to meet you.

만나서 반갑습니다.

| Zhou² san⁴.
早晨。 | Nǐ zǎo. / Zǎo shang hǎo.
你早。/ 早上好。 | Good morning. | 좋은 아침입니다. |

| Gei² do¹ chin² a³?
幾多錢呀？ |
| Duō shao qián?
多少钱？ |
| How much? |
| 얼마예요? |

| Yau⁵ mou⁵ dak¹ peng⁴ di¹ a³?
有冇得平啲呀？ | Kě bu kě yǐ pián yi diǎn(r) a?
可不可以便宜点（儿）啊？ | Could you give me a discount? | 좀 싸게 해 주시면 안 될까요? |

| Döü³ m⁴ zhü⁶.
對唔住。 |
| Duì bu qǐ.
对不起。 |
| Sorry. |
| 미안합니다, 죄송합니다. |

| M⁴ gan² yiu³.
唔緊要。 | Méi guān xi.
没关系。 | Never mind. | 괜찮습니... |

M⁴ goi¹ bei² go² go³ ngo⁵ tai² ha⁵ a¹.
唔該俾嗰個我睇吓吖。

Má fan bǎ nà ge gěi wǒ kàn kan.
麻烦把那个给我看看。

May I take a look at that?

저기요, 이것 좀 보여 주시겠어요?

M⁴ hou² yi³ (si¹ / si³).
唔好意思。

Bù hǎo yì si.
不好意思。

Excuse me.

실례합니다.

M⁴ goi¹.
唔該。

Xiè xie.
谢谢。

Thank you.

고맙습니다, 감사합니다.

M⁴~
唔~

Bù~
不~

Not~

~이(가) 아니다, ~하지 않다.

Hou²~
好~

Hǎo~
好~

Very~

정말~, 매우~

M⁴ sai² la³, m⁴ goi¹.
唔使喇，唔該。

Bú yòng le, xiè xie.
不用了，谢谢。

No, thanks.

아니요,
괜찮습니다.

Maai⁴ daan¹.
埋單。

Mǎi dān.
买单。

Check, please. / Could I have the check, please?

계산 좀 부탁드립니다.

M⁴ goi¹ bei² go³ chaan¹ paai² ngo⁵ a¹.
唔該俾個餐牌我吖。

Bù hǎo yì si, qǐng bǎ cài dān gěi wǒ.
不好意思，请把菜单给我。

May I have the menu, please?

여기요, 메뉴판 좀 주세요.

Mou⁵ man⁶ tai⁴.
冇問題。

Hǎo de. / Méi wèn tí.
好的。 / 没问题。

No problem.

알겠습니다.

出入平安

龍馬精神

Gung¹ hei² faat³ choi⁴.
恭喜發財。

Gōng xǐ fā cái.
恭喜发财。

Wish you a prosperous year. (Lunar New Year's greeting)

새해 복 많이 받으세요.

인사

특별한 날은 '날/절 + 快樂(快乐)'로 인사합니다.

san¹ nin⁴ faai³ lok⁶ **新年快樂**	xīn nián kuài lè 新年快乐	Happy New Year	새해 복 많이 받으세요
fuk⁶ wut⁶ zhit³ faai³ lok⁶ **復活節快樂**	fù huó jié kuài lè 复活节快乐	Happy Easter	즐거운 부활절 되세요
sing³ daan³ faai³ lok⁶ **聖誕快樂**	shèng dàn kuài lè 圣诞快乐	Merry Christmas	메리 크리스마스
ching⁴ yan⁴ zhit³ faai³ lok⁶ **情人節快樂**	qíng rén jié kuài lè 情人节快乐	Happy Valentine's day	즐거운 발렌타인데이 되세요
yi⁴ tung⁴ zhit³ faai³ lok⁶ **兒童節快樂**	ér tóng jié kuài lè 儿童节快乐	Happy Children's day	즐거운 어린이날 되세요
mou⁵ chan¹ zhit³ faai³ lok⁶ **母親節快樂**	mǔ qīn jié kuài lè 母亲节快乐	Happy Mother's day	즐거운 어머니날 되세요
fu⁶ chan¹ zhit³ faai³ lok⁶ **父親節快樂**	fù qīn jié kuài lè 父亲节快乐	Happy Father's day	즐거운 아버지날 되세요
zhung¹ chau¹ zhit³ faai³ lok⁶ **中秋節快樂**	zhōng qiū jié kuài lè 中秋节快乐	Happy Mid-Autumn Festival	추석 잘 보내세요

yat¹ 一	yī 一	One	1, 하나
yi⁶ / löng⁵ 二 / 兩	èr / liǎng 二 / 兩	Two	2, 둘
saam¹ 三	sān 三	Three	3, 셋
sei³ 四	sì 四	Four	4, 넷
ng⁵ 五	wǔ 五	Five	5, 다섯
luk⁶ 六	liù 六	Six	6, 여섯
chat¹ 七	qī 七	Seven	7, 일곱
baat³ 八	bā 八	Eight	8, 여덟
gau² 九	jiǔ 九	Nine	9, 아홉
sap⁶ 十	shí 十	Ten	10, 열
sap⁶ yat¹ 十一	shí yī 十一	Eleven	11, 열하나
sap⁶ yi⁶ 十二	shí èr 十二	Twelve	12, 열둘
yi⁶ sap⁶ / ya⁶ 二十 / 廿	èr shí 二十	Twenty	20, 스물
saam¹ sap⁶ / sa¹ a⁶ 三十 / 卅	sān shí 三十	Thirty	30, 서른
sei³ sap⁶ 四十	sì shí 四十	Forty	40, 마흔
ng⁵ sap⁶ 五十	wǔ shí 五十	Fifty	50, 쉰
luk⁶ sap⁶ 六十	liù shí 六十	Sixty	60, 예순
chat¹ sap⁶ 七十	qī shí 七十	Seventy	70, 일흔

baat³ sap⁶ 八十	bā shí 八十	Eighty	80, 여든
gau² sap⁶ 九十	jiǔ shí 九十	Ninety	90, 아흔
yat¹ baak³ 一百	yī bǎi 一百	One hundred	백
yi⁶ baak³ / löng⁵ baak³ 二百 / 兩百	èr bǎi / liǎng bǎi 二百 / 兩百	Two hundred	이백
yat¹ chin¹ 一千	yī qiān 一千	One thousand	천
yi⁶ chin¹ / löng⁵ chin¹ 二千 / 兩千	èr qiān / liǎng qiān 二万 / 兩万	Two thousand	이천
yat¹ maan⁶ 一萬	yí wàn 十万	Ten thousand	만
yi⁶ maan⁶ / löng⁵ maan⁶ 二萬 / 兩萬	èr wàn / liǎng wàn 二万 / 兩万	Twenty thousand	이만
sap⁶ maan⁶ 十萬	shí wàn 十万	One hundred thousand	십만
baak³ maan⁶ 百萬	bǎi wàn 百万	One million	백만
chin¹ maan⁶ 千萬	qiān wàn 千万	Ten million	천만
yik¹ 億	yì 亿	One hundred million	억
sap⁶ yik¹ 十億	shí yì 十亿	One billion	십억
ling⁴ 零	líng 零	Zero	영
gei² 幾	jǐ 几	Several	몇
gei² do¹ 幾多	duōshao 多少	How many / How much	몇, 얼마

daap⁶ (zheng³ / zhing³)
踏正

zhěng
整

Right at

정각

sap⁶ ng⁵ fan¹
十五分

shí wǔ fēn / yí kè
十五分 / 一刻

One quarter

15분

saam¹ sap⁶ fan¹ / bun³
三十分 / 半

sān shí fēn / bàn
三十分 / 半

Thirty minutes / Half past

30분 / 반

sei³ sap⁶ ng⁵ fan¹
四十五分

sì shí wǔ fēn / sān kè
四十五分 / 三刻

Forty-five minutes

45분

yat¹ dim² ling⁴ yat¹ fan¹
一點零一分

yī diǎn líng yī fēn
一点零一分

One minute past one

1시 1분

löng⁵ dim² sap⁶ fan¹
兩點十分

liǎng diǎn shí fēn
两点十分

Ten minutes past two

2시 10분

zhiu¹ zhou²
朝早

zǎo shang
早上

Morning

아침

söng⁶ zhau³
上晝

shàng wǔ
上午

Forenoon

오전

jing³ ng⁵
正午

zhōng wǔ
中午

Noon

점심

ngaan³ zhau³ / ha⁶ zhau³
晏晝 / 下晝

xià wǔ
下午

Afternoon

오후

pong⁴ maan⁵ / wong⁴ fan¹
傍晚 / 黃昏

bàng wǎn / huáng hūn
傍晚 / 黃昏

Evening

저녁

ye⁶ (maan¹ / maan⁵)
夜晚

wǎn shang
晚上

Night

밤

bun³ (ye² / ye⁶)
半夜

bàn yè
半夜

Midnight

한밤중

ling⁴ san⁴
凌晨

líng chén
凌晨

Post-midnight

새벽

MONDAY	TUESDAY	WEDNESDAY

| | | **1** First — yat¹ hou⁶ 一號 / yī hào 一号 / 일일 |

6 Sixth — luk⁶ hou⁶ 六號 / liù hào 六号 / 육일

7 Seventh — chat¹ hou⁶ 七號 / qī hào 七号 / 칠일

8 Eighth — baat³ hou⁶ 八號 / bā hào 八号 / 팔일

13 Thirteenth — sap⁶ saam¹ hou⁶ 十三號 / shí sān hào 十三号 / 십삼일

14 Fourteenth — sap⁶ sei³ hou⁶ 十四號 / shí sì hào 十四号 / 십사일

15 Fifteenth — sap⁶ ng⁵ hou⁶ 十五號 / shí wǔ hào 十五号 / 십오일

20 Twentieth — yi⁶ sap⁶ hou⁶ 二十號 / ya⁶ hou⁶ 廿號 / èr shí hào 二十号 / 이십일

21 Twentyfirst — yi⁶ sap⁶ yat¹ hou⁶ 二十一號 / ya⁶ yat¹ hou⁶ 廿一號 / èr shí yī hào 二十一号 / 이십일일

22 Twenty-second — yi⁶ sap⁶ yi⁶ hou⁶ 二十二號 / ya⁶ yi⁶ hou⁶ 廿二號 / èr shí èr hào 二十二号 / 이십이일

27 Twenty-seventh — yi⁶ sap⁶ chat¹ hou⁶ 二十七號 / ya⁶ chat¹ hou⁶ 廿七號 / èr shí qī hào 二十七号 / 이십칠일

28 Twenty-eighth — yi⁶ sap⁶ baat³ hou⁶ 二十八號 / ya⁶ baat³ hou⁶ 廿八號 / èr shí bā hào 二十八号 / 이십팔일

29 Twenty-ninth — yi⁶ sap⁶ gau² hou⁶ 二十九號 / ya⁶ gau² hou⁶ 廿九號 / èr shí jiǔ hào 二十九号 / 이십구일

THURSDAY		FRIDAY		SATURDAY		SUNDAY	

2 Second
yi⁶ hou⁶
二號
èr hào
二号
이일

3 Third
saam¹ hou⁶
三號
sān hào
三号
삼일

4 Fourth
sei³ hou⁶
四號
sì hào
四号
사일

5 Fifth
ng⁵ hou⁶
五號
wǔ hào
五号
오일

9 Ninth
gau² hou⁶
九號
jiǔ hào
九号
구일

10 Tenth
sap⁶ hou⁶
十號
shí hào
十号
십일

11 Eleventh
sap⁶ yat¹ hou⁶
十一號
shí yī hào
十一号
십일일

12 Twelfth
sap⁶ yi⁶ hou⁶
十二號
shí èr hào
十二号
십이일

16 Six-teenth
sap⁶ luk⁶ hou⁶
十六號
shí liù hào
十六号
십육일

17 Seven-teenth
sap⁶ chat¹ hou⁶
十七號
shí qī hào
十七号
십칠일

18 Eight-teenth
sap⁶ baat³ hou⁶
十八號
shí bā hào
十八号
십팔일

19 Nine-teenth
sap⁶ gau² hou⁶
十九號
shí jiǔ hào
十九号
십구일

23 Twenty-third
yi⁶ sap⁶ saam¹ hou⁶
二十三號
ya⁶ saam¹ hou⁶
廿三號
èr shí sān hào
二十三号
이십삼일

24 Twenty-fourth
yi⁶ sap⁶ sei³ hou⁶
二十四號
ya⁶ sei³ hou⁶
廿四號
èr shí sì hào
二十四号
이십사일

25 Twenty-fifth
yi⁶ sap⁶ ng⁵ hou⁶
二十五號
ya⁶ ng⁵ hou⁶
廿五號
èr shí wǔ hào
二十五号
이십오일

26 Twenty-sixth
yi⁶ sap⁶ luk⁶ hou⁶
二十六號
ya⁶ luk⁶ hou⁶
廿六號
èr shí liù hào
二十六号
이십육일

30 Thirtieth
saam¹ sap⁶ hou⁶
三十號
sa¹ a⁶ hou⁶
卅號
sān shí hào
三十号
삼십일

31 Thirty-first
saam¹ sap⁶ yat¹ hou⁶
三十一號
sa¹ a⁶ yat¹ hou⁶
卅一號
sān shí yī hào
三十一号
삼십일일

yat¹ yüt⁶
一月
yī yuè
一月
January　1월

yi⁶ yüt⁶
二月
èr yuè
二月
February　2월

saam¹ yüt⁶
三月
sān yuè
三月
March　3월

chat¹ yüt⁶
七月
qī yuè
七月
July　7월

baat³ yüt⁶
八月
bā yuè
八月
August　8월

gau² yüt⁶
九月
jiǔ yuè
九月
Septemberay　9월

sing¹ kei⁴ yat¹
星期一
xīng qī yī
星期一
Monday
월요일

sing¹ kei⁴ yi⁶
星期二
xīng qī èr
星期二
Tuesday
화요일

sing¹ kei⁴ saam¹
星期三
xīng qī sān
星期三
Wednesday
수요일

sei³ yüt⁶
四月
sì yuè
四月
April   4월

ng⁵ yüt⁶
五月
wǔ yuè
五月
May   5월

luk⁶ yüt⁶
六月
liù yuè
六月
June   6월

sap⁶ yüt⁶
十月
shí yuè
十月
October   10월

sap⁶ yat¹ yüt⁶
十一月
shí yī yuè
十一月
November   11월

sap⁶ yi⁶ yüt⁶
十二月
shí èr yuè
十二月
December   12월

sing¹ kei⁴ sei³ **星期四** xīng qī sì 星期四 Thursday 목요일	sing¹ kei⁴ ng⁵ **星期五** xīng qī wǔ 星期五 Friday 금요일	sing¹ kei⁴ luk⁶ **星期六** xīng qī liù 星期六 Saturday 토요일	sing¹ kei⁴ yat⁶ **星期日** xīng qī rì / xīng qī tiān 星期日 / 星期天 Sunday 일요일

사계절

sei³ gwai³
四季

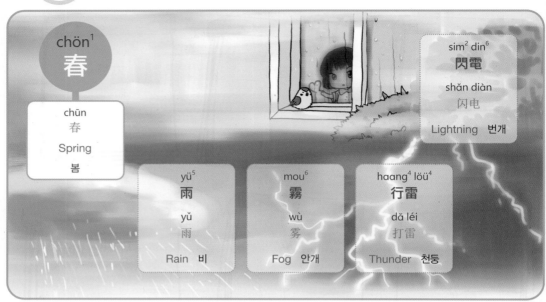

chön¹
春

chūn
春
Spring
봄

sim² din⁶
閃電

shǎn diàn
闪电

Lightning 번개

yǔ⁵
雨

yǔ
雨

Rain 비

mou⁶
霧

wù
雾

Fog 안개

haang⁴ löü⁴
行雷

dǎ léi
打雷

Thunder 천둥

ha⁶
夏

xià
夏
Summer
여름

ching⁴ tin¹
晴天

qíng tiān
晴天

Sunny 맑은 날

chiu⁴ sap¹
潮濕

cháo shī
潮湿

Humid 습하다

chau¹
秋

qiū
秋
Autumn
가을

yam¹ tin¹
陰天

yīn tiān
阴天

Overcast   흐린 날

dung¹
冬

dōng
冬
Winter
겨울

bing¹ bok⁶
冰雹

bīng báo
冰雹

Hail   우박

gon¹ chou³
乾燥

gān zào
干燥

Dry   건조하다

süt³
雪

xuě
雪

Snow   눈

laang⁵ fung¹
冷風

lěng fēng
冷风

Cold wind   찬 바람

① wan⁴ **雲** yún 云 Cloud 구름	② choi² hung⁴ **彩虹** cǎi hóng 彩虹 Rainbow 무지개	③ fung¹ **風** fēng 风 Wind 바람	④ taai³ yöng⁴ **太陽** tài yang 太阳 Sun 태양

⑤ sing¹ sing¹ **星星** xīng xing 星星 Star 별	⑥ yüt⁶ löng⁶ **月亮** yuè liang 月亮 Moon 달

toi⁴ fung¹ **颱風** tái fēng 台风 Typhoon 태풍	wan¹ dou⁶ **溫度** wēn dù 温度 Temperature 온도	sap¹ dou⁶ **濕度** shī dù 湿度 Humidity 습도

do¹ wan⁴
多雲

duō yún
多云

Cloudy

구름이 끼다

yü⁵ tin¹
雨天

yǔ tiān
雨天

Showering

비 오는 날

lok⁶ bok⁶
落雹

xià bīng báo
下冰雹

Hailing

우박이 내리다

git³ bing¹
結冰

jié bīng
结冰

Freeze

얼다

git³ söng¹
結霜

jié shuāng
结霜

Frost

서리가 끼다

lung⁴ gün² fung¹
龍捲風

lóng juǎn fēng
龙卷风

Tornado

회오리바람

yat¹ hou⁶ fung¹ kau⁴
1號風球

yī hào fēng qiú
1号风球

Typhoon Signal No. 1

1호 태풍 주의보

saam¹ hou⁶ fung¹ kau⁴
3號風球

sān hào fēng qiú
3号风球

Typhoon Signal No. 3

3호 태풍 주의보

baat³ hou⁶ fung¹ kau⁴
8號風球

bā hào fēng qiú
8号风球

Typhoon Signal No. 8

8호 태풍 주의보

gau² hou⁶ fung¹ kau⁴
9號風球

jiǔ hào fēng qiú
9号风球

Typhoon Signal No. 9

9호 태풍 주의보

sap⁶ hou⁶ fung¹ kau⁴
10號風球

shí hào fēng qiú
10号风球

Typhoon Signal No. 10

10호 태풍 주의보

huk⁶ yit⁶ tin¹ hei³ ging² gou³

酷熱天氣警告

gāo wēn yù jǐng
高温预警

Very Hot Weather Warning

폭염 주의보

löü⁴ bou⁶ ging² gou³

雷暴警告

léi bào yù jǐng
雷暴预警

Thunderstorm Warning

번개 주의보

hon⁴ laang⁵ tin¹ hei³ ging² gou³

寒冷天氣警告

dī wēn yù jǐng
低温预警

Cold Weather Warning

한파 주의보

wong⁴ sik¹ bou⁶ yü⁵ ging² gou³ sön³ hou⁶

黃色暴雨警告訊號

huáng sè bào yǔ yù jǐng xìn hào
黄色暴雨预警信号

Amber Rainstorm
Warning Signal

노란색 폭우 주의보

hung⁴ sik¹ bou⁶ yü⁵ ging² gou³ sön³ hou⁶

紅色暴雨警告訊號

hóng sè bào yǔ yù jǐng xìn hào
红色暴雨预警信号

Red Rainstorm
Warning Signal

빨간색 폭우 주의보

hak¹ sik¹ bou⁶ yü⁵ ging² gou³ sön³ hou⁶

黑色暴雨警告訊號

hēi sè bào yǔ yù jǐng xìn hào
黑色暴雨预警信号

Black Rainstorm
Warning Signal

검은색 폭우 주의보

chou²
草
cǎo
草
Grass
풀

sü⁶
樹
shù
树
Tree
나무

chou²(dei² / dei⁶)
草地
cǎo dì
草地
Meadow
초지

fo² saan¹ baau³ faat³
火山爆發
huǒ shān bào fā / huǒ shān pēn fā
火山爆发 / 火山喷发
Volcanic eruption
화산 폭발

hung⁴ söü²
洪水
hóng shuǐ
洪水
Flood
홍수

hung¹ hei³ wu¹ yim⁵
空氣污染

kōng qì wū rǎn
空气污染

Air pollution

대기 오염

saan¹ fo²
山火

shān huǒ
山火

Forest fire

산불

saan¹ nai⁴ king¹ se³
山泥傾瀉

ní shí liú / shān tǐ huá pō
泥石流 / 山体滑坡

Landslide

산사태

wan¹ yik⁶
瘟疫

wēn yì
瘟疫

Pandemic

전염병

söü² zham³
水浸

màn shuǐ
漫水

Flood

침수

dei⁶ zhan³
地震

dì zhèn
地震

Earthquake

지진

hoi² siu³
海嘯

hǎi xiào
海啸

Tsunami

쓰나미

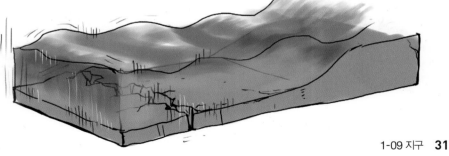

tou³ zhai²
兔仔
tù zi
兔子
Rabbit
토끼

maau¹
貓
māo
猫
Cat
고양이

gau²
狗
gǒu
狗
Dog
개

min⁴ yöng²
綿羊
mián yáng
绵羊
Sheep
양

saan¹ yöng⁴
山羊
shān yáng
山羊
Goat
염소

chong¹ sü²
倉鼠
cāng shǔ
仓鼠
Hamster
햄스터

luk²
鹿
lù
鹿
Deer
사슴

wu⁴ lei²
狐狸
hú li
狐狸
Fox
여우

chung⁴ sü²
松鼠
sōng shǔ
松鼠
Squirrel
다람쥐

| lou⁵ sü²
老鼠 | lǎo shǔ
老鼠 | Mouse | 쥐 |

lou⁴
驢
lǘ
驴
Donkey
당나귀

ma⁵
馬
mǎ
马
Horse
말

lou⁵ fu²
老虎
lǎo hǔ
老虎
Tiger
호랑이

baan¹ ma⁵
斑馬
bān mǎ
斑马
Zebra
얼룩말

daai⁶ ban⁶ zhöng⁶
大笨象
dà xiàng
大象
Elephant
코끼리

| paau³ 豹 | bào 豹 | Leopard / Panther | 표범 |

(ma¹ / ma⁵) lau¹
馬騮
hóu zi
猴子
Monkey
원숭이

si¹ zhi²
獅子
shī zi
狮子
Lion
사자

hung⁴ maau¹ | xióng māo | Panda | 판다
熊貓 | 熊猫

chöng⁴ geng² luk²
長頸鹿

cháng jǐng lù
长颈鹿

Giraffe

기린

lok³ to⁴
駱駝

luò tuo
骆驼

Camel

낙타

bak¹ gik⁶ hung⁴
北極熊

běi jí xióng
北极熊

Polar Bear

북극곰

hung⁴ | xióng | Bear | 곰
熊 | 熊

sü⁶ hung⁴
樹熊

kǎo lā / shù dài xióng
考拉 / 树袋熊

Koala bear

코알라

doi⁶ sü²
袋鼠

dài shǔ
袋鼠

Kangaroo

캥거루

long⁴	láng	Wolf	늑대
狼	狼		

ngo² / ngo⁴
鵝
é
鹅
Goose
거위

ho⁴ ma⁵
河馬
hé mǎ
河马
Hippopotamus
하마

sai¹ ngau⁴
犀牛
xī niú
犀牛
Rhinoceros
코뿔소

aap² / ngaap² / aap³ / ngaap³
鴨
yā(zi)
鸭（子）
Duck
오리

gai¹
雞
jī
鸡
Chicken
닭

to⁴ liu⁵
鴕鳥
tuó niǎo
鸵鸟
Ostrich
타조

kei⁵ ngo²	qǐ é	Penguin	펭귄
企鵝	企鹅		

ying¹ | yīng
鷹 | 鹰 | Eagle | 매

yin³ zhi² | yàn zi
燕子 | 燕子 | Swallow | 제비

hoi² (au¹ / ngau¹)
海鷗
hǎi ōu
海鸥
Seagull
갈매기

maau¹ tau⁴ ying¹
貓頭鷹
māo tóu yīng
猫头鹰
Owl
부엉이

ma⁴ zhök²
麻雀
má què
麻雀
Tree sparrow
참새

gap² / gap³ | gē(zi)
鴿 | 鸽（子） | Dove / Pigeon | 비둘기

tuk¹ ying¹
禿鷹
tū yīng
秃鹰
Vulture
대머리 독수리

wu¹ (a¹ / nga¹)
烏鴉
wū yā
乌鸦
Crow
까마귀

hok² / hok⁶
鶴
hè
鹤
Crane
학

ying¹ mou⁵
鸚鵡
yīng wǔ
鹦鹉
Parrot / Parakeet
앵무새

hak¹ lim⁵ pei⁴ lou⁶
黑臉琵鷺
hēi miàn pí lù
黑面琵鹭
Black-faced spoonbill
저어새

daai⁶ zhöü² niu⁵
大咀鳥
dà zuǐ niǎo
大嘴鸟
Toucan
큰부리새

tin¹ ngo⁴
天鵝
tiān é
天鹅
Swan
백조

hung² (zhök² / zhök³)
孔雀
kǒng què
孔雀
Peafowl
공작새

fo² gai¹ **火雞**	huǒ jī 火鸡	Turkey	칠면조

gam¹ yü²
金魚

jīn yú
金鱼

Goldfish

금붕어

söü² mou⁵
水母

shuǐ mǔ
水母

Jellyfish

해파리

yit⁶ daai³ yü²
熱帶魚

rè dài yú
热带鱼

Tropical fish

열대어

ching¹ wa¹
青蛙

qīng wā
青蛙

Frog

개구리

fo¹ dau²
蝌蚪

kē dǒu
蝌蚪

Tadpoles

올챙이

ho⁴ tün⁴
河豚

hé tún
河豚

Pufferfish

복어

sik¹ yik⁶
蜥蜴

xī yì
蜥蜴

Lizard

도마뱀

se⁴
蛇

shé
蛇

Snake

뱀

| ngok⁶ yü⁴ **鱷魚** | è yú 鳄鱼 | Crocodile | 악어 |

hoi² ma⁵
海馬
hǎi mǎ
海马
Seahorse
해마

hoi² si¹
海獅
hǎi shī
海狮
Sea lion
바다사자

gam² lei⁵
錦鯉
jǐn lǐ
锦鲤
Koi carp
비단잉어

gwai¹
龜
guī
龟
Tortoise
거북이

sa¹ yü²	shā yú	Shark	상어
鯊魚	鲨鱼		

king⁴ yü⁴
鯨魚
jīng yú
鲸鱼
Whale
고래

hoi² sing¹	hǎi xīng	Starfish	불가사리
海星	海星		

mo¹ gwai² yü²
魔鬼魚
mó guǐ yú
魔鬼鱼
Ray
가오리

hoi² tün⁴
海豚
hǎi tún
海豚
Dolphin
돌고래

곤충

kwan¹ chung⁴
昆蟲

---

wu⁴ dip²
蝴蝶

hú dié
蝴蝶

Butterfly

나비

---

fei¹ ngo⁴
飛蛾

fēi é
飞蛾

Moth

나방

mat⁶ fung¹
蜜蜂

mì fēng
蜜蜂

Bee

꿀벌

---

ching¹ ting⁴
蜻蜓

qīng tíng
蜻蜓

Dragonfly

잠자리

---

wu¹ ying¹
烏蠅

cāng ying
苍蝇

Fly

파리

---

man¹
蚊

wén zi
蚊子

Mosquito

모기

söü² zhat⁶ **水蛭**	shuǐ zhì 水蛭	Leech	거머리

---

gaap³ chung⁴
甲蟲

piáo chóng
瓢虫

Ladybird

무당벌레

---

ying⁴ fo² chung⁴
螢火蟲

yíng huǒ chóng
萤火虫

Firefly

반딧불이

---

chaam⁴ chung²
蠶蟲

cán
蚕

Silkworm

누에

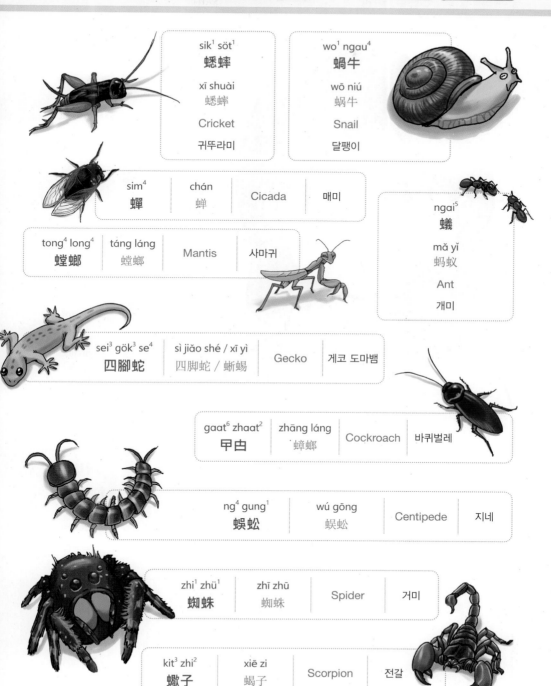

sik¹ söt¹
蟋蟀
xī shuài
蟋蟀
Cricket
귀뚜라미

wo¹ ngau⁴
蝸牛
wō niú
蜗牛
Snail
달팽이

| sim⁴ 蟬 | chán 蝉 | Cicada | 매미 |

| tong⁴ long⁴ 螳螂 | táng láng 螳螂 | Mantis | 사마귀 |

ngai⁵
蟻
mǎ yǐ
蚂蚁
Ant
개미

| sei³ gök³ se⁴ 四腳蛇 | sì jiǎo shé / xī yì 四脚蛇 / 蜥蜴 | Gecko | 게코 도마뱀 |

| gaat⁶ zhaat² 甲由 | zhāng láng 蟑螂 | Cockroach | 바퀴벌레 |

| ng⁴ gung¹ 蜈蚣 | wú gōng 蜈蚣 | Centipede | 지네 |

| zhi¹ zhü¹ 蜘蛛 | zhī zhū 蜘蛛 | Spider | 거미 |

| kit³ zhi² 蠍子 | xiē zi 蝎子 | Scorpion | 전갈 |

1 tau⁴ faat³
頭髮
tóu fa
头发
Hair
머리카락

2 (ngaak³ / ngaak⁶) tau⁴
額頭
é tóu
额头
Forehead
이마

3 yi⁵
耳
ěr duo
耳朵
Ear
귀

4 ngaan⁵
眼
yǎn jing
眼睛
Eyes
눈

5 zhöu²
（咀 / 嘴）
zuǐ ba
嘴巴
Mouth
입

6 geng²
頸
bó zi
脖子
Neck
목

7 mei⁴ mou⁴
眉毛
méi mao
眉毛
Eyebrows
눈썹

8 ngaan⁵ zhit³ mou⁴
眼睫毛
yǎn jié máo
眼睫毛
Eyelash
속눈썹

9 bei⁶
鼻
bí zi
鼻子
Nose
코

10 min⁶
面
liǎn
脸
Face
얼굴

11 bok³ tau⁴
膊頭
jiān bǎng
肩膀
Shoulder
어깨

12 so² gwat¹
鎖骨
suǒ gǔ
锁骨
Clavicle
쇄골

1
wu⁴ sou¹
鬍鬚
hú zi
胡子
Mustache
수염

2
nga⁴
牙
yá
牙
Teeth
이

3
lei⁶
脷
shé tou
舌头
Tongue
혀

4
ha⁶ pa⁴
下巴
xià ba
下巴
Chin
턱

tau⁴	tóu	Head	머리
頭	头		

5
hau⁴ lung⁴
喉嚨
hóu lóng
喉咙
Throat
목구멍

6
sau² zhi²
手指
shǒu zhǐ
手指
Finger
손가락

7
zhi² gaap³
指甲
zhǐ jia
指甲
Nail
손톱

8
sau² wun²
手腕
shǒu wàn
手腕
Wrist
손목

sau²	shǒu	Hand	손
手	手		

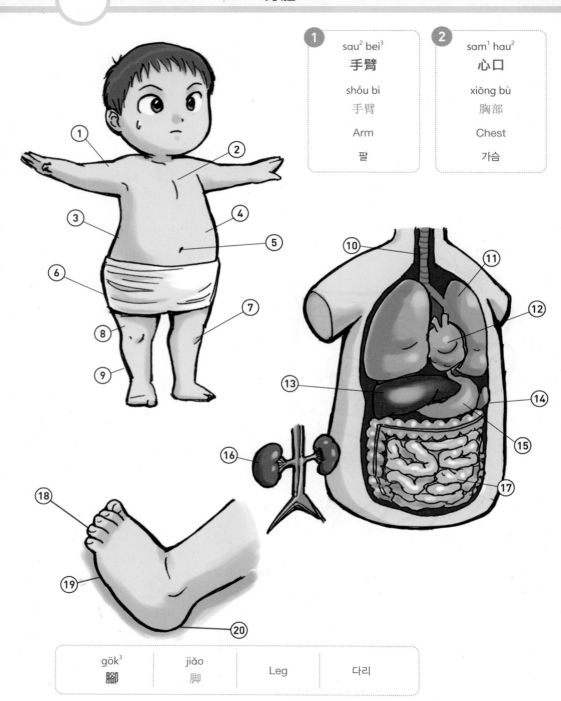

1 sau² bei³
手臂
shǒu bì
手臂
Arm
팔

2 sam¹ hau²
心口
xiōng bù
胸部
Chest
가슴

| gök³ 腳 | jiǎo 脚 | Leg | 다리 |

3
yiu¹
腰
yāo
腰
Waist
허리

4
tou⁵
肚
dù zi
肚子
Tummy
배

5
tou⁵ chi⁴
肚臍
dù qí
肚脐
Navel
배꼽

6
pat pat
tún bù / pì gu
臀部 / 屁股
Buttocks
엉덩이

7
sat¹ tau⁴
膝頭
xī gài
膝盖
Knee
무릎

8
daai⁶ bei²
大脾
dà tuǐ
大腿
Thigh
허벅지

9
siu² töü² / gök³ gwa¹ nong¹
小腿 / 腳瓜（囊 / 瓤）
xiǎo tuǐ
小腿
Calf
종아리

10
hei³ gwun²
氣管
qì guǎn
气管
Trachea / Windpipe
기도

11
fai³
肺
fèi
肺
Lung
폐

12
sam¹ zhong⁶
心臟
xīn zàng
心脏
Heart
심장

13
gon¹
肝
gān
肝
Liver
간

14
yi⁴ zhong⁶
胰臟
yí zàng
胰脏
Pancreas
췌장

15
wai⁶
胃
wèi
胃
Stomach
위

16
san⁶
腎
shèn
肾
Kidney
신장

17
chöng²
腸
cháng
肠
Intestines
장

18
gök³ zhi²
腳趾
jiǎo zhǐ
脚趾
Toe
발가락

19
gök³ baan² dai²
腳板底
jiǎo dǐ (bǎn)
脚底（板）
Sole
발바닥

20
gök³ zhaang¹
腳踭
jiǎo hòu gēn
脚后跟
Heel
발뒤꿈치

① ye⁴ ye² 爺爺

② ma⁴ ma⁴ 嫲嫲

③ baak³ baak³ 伯伯

④ suk¹ suk¹ 叔叔

⑤ ba⁴ ba¹ / de¹ di⁴ 爸爸 / 爹哋

⑥ gwu¹ ma¹ 姑媽

⑦ gwu¹ zhe¹ 姑姐

⑧ baak³ nöng⁴ 伯娘

⑨ sam² sam² 嬸嬸

⑩ ma⁴ ma¹ / ma¹ mi⁴ 媽媽 / 媽咪

⑪ gwu¹ zhöng² 姑丈

⑬ tong⁴ hing¹ dai⁶ zhi² mui⁶ 堂兄弟姊妹

⑫ ngo⁵ 我

⑭ biu² hing¹ dai⁶ zhi² mui⁶ 表兄弟姊妹

1
ye⁴ ye²
爺爺
yé ye
爷爷
Grandfather
on father's side
할아버지

2
ma⁴ ma⁴
嫲嫲
nǎi nai
奶奶
Grandmother
on father's side
할머니

3
baak³ baak³
伯伯
bó fù / dà bó
伯父 / 大伯
Uncle
(Father's elder brother)
큰아버지(아버지의 형)

4
suk¹ suk¹
叔叔
shū shu
叔叔
Uncle
(Father's younger brother)
작은아버지(아버지의 남동생)

5
ba⁴ ba¹ / de¹ di⁴
爸爸 / 爹哋
bà ba
爸爸
Father
아버지, 아빠

6
gwu¹ ma¹
姑媽
dà gū gu
大姑姑
Aunt
(Father's elder sister)
큰고모(아버지의 누나)

7
gwu¹ zhe¹
姑姐
gū gu
姑姑
Aunt
(Father's younger sister)
작은고모(아버지의 여동생)

8
baak³ nöng⁴
伯娘
bó mǔ / dà mā
伯母 / 大妈
Aunt(Wife of father's
elder brother)
큰어머니(큰아버지의 아내)

9
sam² sam²
嬸嬸
shěn shen
婶婶
Aunt(Wife of father's
younger brother)
작은어머니(작은아버지의 아내)

10
ma⁴ ma¹ / ma¹ mi⁴
媽媽 / 媽咪
mā ma
妈妈
Mother
어머니, 엄마

11
gwu¹ zhöng²
姑丈
gū fu
姑父
Uncle
(Husband of father's sister)
고모부(아버지의 여동생, 누나의 남편)

12
ngo⁵
我
wǒ
我
I / Me
나

13
tong⁴ hing¹ dai⁶ zhi² mui⁶
堂兄弟姊妹
táng xiōng dì jiě mèi
堂兄弟姐妹
Cousins
(Children of father's brother)
사촌(아버지의 형제의 자녀)

14
biu² hing¹ dai⁶ zhi² mui⁶
表兄弟姊妹
biǎo xiōng dì jiě mèi
表兄弟姐妹
Cousins
(Children of father's sister or mother's sibling)
(외)사촌(아버지의 자매의 자녀나 어머니의 형제자매의 자녀)

①
gung⁴ gung¹
公公

②
po⁴ po²
婆婆

③
yi⁴ ma¹
姨媽

④
(kau³ / kau⁵) fu²
舅父

⑤
ma⁴ ma¹ / ma¹ mi⁴
媽媽 / 媽咪

⑥
a³ yi¹
阿姨

⑦
yi⁴ zhöng²
姨丈

⑧
(kau³ / kau⁵) mou⁵
舅母

⑨
ba⁴ ba¹ / de¹ di⁴
爸爸 / 爹哋

⑦
yi⁴ zhöng²
姨丈

⑩
biu² hing¹ dai⁶ zhi² mui⁶
表兄弟姊妹

⑩
biu² hing¹ dai⁶ zhi² mui⁶
表兄弟姊妹

⑪
ngo⁵
我

⑩
biu² hing¹ dai⁶ zhi² mui⁶
表兄弟姊妹

1

gung⁴ gung¹
公公
wài gōng / lǎo ye
外公 / 姥爷
Grandfather
on mother's side
외할아버지

2

po⁴ po²
婆婆
wài pó / lǎo lao
外婆 / 姥姥
Grandmother
on mother's side
외할머니

3

yi⁴ ma¹
姨媽
yí mā
姨妈
Aunt
(Mother's elder sister)
큰이모(어머니의 언니)

4

(kau³ / kau⁵) fu²
舅父
jiù jiu
舅舅
Uncle
(Mother's brother)
외삼촌(어머니의 오빠, 남동생)

5

ma⁴ ma¹ / ma¹ mi⁴
媽媽 / 媽咪
mā ma
妈妈
Mother
어머니, 엄마

6

a³ yi¹
阿姨
ā yí
阿姨
Aunt
(Mother's younger sister)
작은이모(어머니의 여동생)

7

yi⁴ zhöng²
姨丈
yí fu
姨父
Uncle
(Husband of mother's sister)
이모부
(어머니의 언니, 여동생의 남편)

8

(kau³ / kau⁵) mou⁵
舅母
jiù mā
舅妈
Aunt
(Wife of mother's brother)
외숙모(어머니 형제의 아내)

9

ba⁴ ba¹ / de¹ di⁴
爸爸 / 爹哋
bà ba
爸爸
Father
아버지, 아빠

10

biu² hing¹ dai⁶ zhi² mui⁶
表兄弟姊妹
biǎo xiōng dì jiě mèi
表兄弟姐妹
Cousins
(Children of father's sister or mother's sibling)
(외)사촌(아버지의 자매의 자녀나
어머니의 형제자매의 자녀)

11

ngo⁵
我
wǒ
我
I / Me
나

1 go⁴ go¹ / a³ go¹

哥哥 / 阿哥

gē ge
哥哥

Elder brother

형, 오빠

2 dai⁴ dai² / sai³ lou²

弟弟 / 細佬

dì di
弟弟

Younger brother

남동생

3 zhe⁴ zhe¹ / ga¹ zhe¹

姐姐 / 家姐

jiě jie
姐姐

Elder sister

누나, 언니

4 mui⁴ mui² / sai³ mui²

妹妹 / 細妹

mèi mei
妹妹

Younger sister

여동생

5 zhat⁶ zhai²

侄仔

zhí zi
侄子

Brother's son

조카

6 zhat⁶ nöü²

侄女

zhí nǚ
侄女

Brother's daughter

조카딸

7 ngoi⁶ sang¹ nöü²

外甥女

wài sheng nǚ
外甥女

Sister's daughter

외조카딸

8 ngoi⁶ sang¹

外甥

wài sheng
外甥

Sister's son

외조카

13 호칭

ching¹ fu¹
稱呼

1 ngoi⁶ sün¹ zhai²
外孫仔
wài sūn
外孙

Grandson
(Daughter's son)

외손자

2 ngoi⁶ sün¹ nöü²
外孫女
wài sūn nǚ
外孙女

Granddaughter
(Daughter's daughter)

외손녀

3 sün¹ zhai²
孫仔
sūn zi
孙子

Grandson
(Son's son)

손자

4 sün¹ nöü²
孫女
sūn nǚ
孙女

Granddaughter
(Son's daughter)

손녀

5 lou⁵ ye⁴
老爺
gōng gong
公公

Husband's father
(Father-in-law)

시아버지

6 naai⁴ naai²
奶奶
pó po
婆婆

Husband's mother
(Mother-in-law)

시어머니

7 ngoi⁶ fu²
外父
lǎo zhàng ren / yuè fù
老丈人 / 岳父

Wife's father
(Father-in-law)

장인어른

8 ngoi⁶ mou²
外母
zhàng mǔ niáng / yuè mǔ
丈母娘 / 岳母

Wife's mother
(Mother-in-law)

장모님

| ga[1] yan[4] 家人 | jiā rén 家人 | Family members | 가족 |

1

lou[5] gung[1]
老公
lǎo gōng
老公
Husband
남편

2

lou[5] po[4]
老婆
lǎo pó
老婆
Wife
아내

3

nöü[5] sai[3]
女婿
nǚ xù
女婿
Son-in-law
사위

4

nöü[2]
女
nǚ ér
女儿
Daughter
딸

5

zhai[2]
仔
ér zi
儿子
Son
아들

6

san[1] pou[5]
新抱
xí fù
媳妇
Daughter-in-law
며느리

7
a³ sou²
阿嫂
săo zi
嫂子
Elder brother's wife
(Sister-in-law)
형수, 새언니

8
zhe² fu¹
姐夫
jiě fu
姐夫
Elder sister's
husband
(Brother-in-law)
매형, 형부

9
mui⁶ fu¹
妹夫
mèi fu
妹夫
Younger sister's
husband
(Brother-in-law)
매부

10
dai⁶ fu⁵
弟婦
dì xí
弟媳
Younger
brother's wife
(Sister-in-law)
제수, 올케

11
ga¹ zhöng²
家長
jiā zhǎng
家长
Parents
학부모

12
tung⁴ hok⁶
同學
tóng xué
同学
Student /
Schoolmates
학생, 학교 친구

ging¹ gei²
經紀

jīng jì rén
经纪人

Broker

중개인

gung¹ ching⁴ si¹
工程師

gōng chéng shī
工程师

Engineer

엔지니어

sau³ yi¹
獸醫

shòu yī
兽医

Veterinarian

수의사

sau⁶ fo³ yün⁴
售貨員

shòu huò yuán
售货员

Shop assistant

판매원

man⁴ yün⁴
文員

wén yuán
文员

Clerk

사무원

si¹ gei¹
司機

sī jī
司机

Driver

운전사

bei³ sü¹
秘書

mì shū
秘书

Secretary

비서

si⁶ ying³
侍應

fú wù shēng
服务生

Waiter / Waitress

웨이터, 웨이트리스

mou⁴ dak⁶ yi⁴
模特兒

mó tèr
模特儿

Model

모델

paang⁵ kau⁴ yün⁴
棒球員

bàng qiú xuǎn shǒu /
bàng qiú yuán
棒球选手 / 棒球员

Baseball player

야구선수

maan⁶ wa² ga¹
漫畫家

màn huà jiā
漫画家

Cartoonist

만화가

---

yam¹ ngok⁶ ga¹
音樂家

yīn yuè jiā
音乐家

Musician

음악가

---

hon¹ gaang¹ / bou² ngon¹ yün⁴
看更 / 保安員

jǐng wèi / bǎo ān
警卫 / 保安

Security guard

경비원

---

wu⁶ si⁶
護士

hù shi
护士

Nurse

간호사

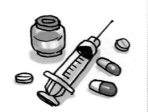

---

yi¹ sang¹
醫生

yī shēng
医生

Doctor

의사

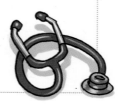

---

ging² chaat³
警察

jǐng chá
警察

Policeman

경찰

---

gei³ zhe²
記者

jì zhě
记者

Reporter / Journalist

기자

---

chit³ gai³ si¹
設計師

shè jì shī
设计师

Designer

디자이너

---

go¹ sau²
歌手

gē shǒu
歌手

Singer

가수

choi² kau³ yün⁴
採購員

cǎi gòu yuán
采购员

Merchandiser

바이어

---

pin¹ chap¹
編輯

biān jí
编辑

Editor

편집자

---

söü² din⁶ gei⁶ gung¹
水電技工

diàn gōng
电工

Plumber

수리 기사(수도, 전기)

---

siu¹ fong⁴ yün⁴
消防員

xiāo fáng yuán
消防员

Fireman

소방관

---

zhok³ ga¹
作家

zuò jiā
作家

Writer

작가

---

nga⁴ yi¹
牙醫

yá yī
牙医

Dentist

치과 의사

---

ching¹ git³ gung¹ yan⁴
清潔工人

qīng jié gōng
清洁工

Cleaner

청소부

yau⁴ chaai¹
郵差

yóu chāi
邮差

Postman

우편배달부

---

gung¹ yan⁴ zhe⁴ zhe¹
工人姐姐

yōng rén / bǎo mǔ
佣人 / 保姆

Housekeeper

가정부

dou⁶ yau⁴
導遊

dǎo yóu
导游

Tour guide

가이드

gau³ sang¹ yün⁴
救生員

jiù shēng yuán
救生员

Lifeguard

인명구조원

töü¹ siu¹ yün⁴
推銷員 / Sales

tuī xiāo yuán
推销员

Salesman

판매원

gau³ wu⁶ yün⁴
救護員

jiù hù yuán
救护员

Ambulanceman

구급요원

faan¹ yik⁶ yün⁴
翻譯員

fān yì
翻译

Translator

번역사

faat³ gwun¹
法官

fǎ guān
法官

Judge

판사

löt⁶ si¹
律師

lǜ shī
律师

Lawyer

변호사

gung¹ yan⁴
工人

gōng rén
工人

Worker

노동자

wui⁶ gai³ si¹
會計師

kuài jì shī
会计师

Accountant

회계사

dou⁶ yin²
導演

dǎo yǎn
导演

Film director

영화 감독

choi⁴ fung²
裁縫

cái feng
裁缝

Tailor

재단사

yin² yün⁴
演員

yǎn yuán
演员

Actor / Actress

배우

lou⁵ si¹ / gaau³ si¹
老師 / 教師

lǎo shī / jiào shī
老师 / 教师

Teacher

선생님

haau⁶ zhöng²
校長

xiào zhǎng
校长

Principal

교장

gaau³ sau⁶
教授

jiào shòu
教授

Professor

교수

hok⁶ saang¹
學生

xué sheng
学生

Student

학생

chü⁴ si¹
廚師

chú shī
厨师

Chef

요리사

si¹ fu²
師傅

jì shù yuán / shī fu
技术员 / 师傅

Technician

엔지니어, 기술자

hung¹ zhe² / hung¹ siu³
空姐 / 空少

kōng jiě / kōng shào
空姐 / 空少

Flight attendant

승무원

mei⁵ gaap³ si¹
美甲師

měi jiǎ shī
美甲师

Nail beautician

네일 아티스트

dei⁶ kan⁴
地勤

dì qín rén yuán
地勤人员

Ground Staff

지상 근무자

din⁶ nou⁵ gung¹ ching⁴ si¹
電腦工程師

chéng xù yuán /
diàn nǎo gōng chéng shī
程序员 / 电脑工程师

Computer engineer

프로그래머

mei⁵ yung⁴ si¹
美容師

měi róng shī
美容师

Cosmetologist

피부 관리사

faat³ ying⁴ si¹
髮型師

lǐ fà shī
理发师

Hairstylist

헤어 스타일리스트

fei¹ gei¹ si¹
飛機師

fēi xíng yuán /
fēi jī jià shǐ yuán
飞行员 / 飞机驾驶员

Pilot

비행기 조종사

chaam²
慘
căn / kě lián
惨 / 可怜
Pathetic
불쌍하다

hoi¹ sam¹
開心
kāi xīn
开心
Happy
기쁘다

pa³ chau²
怕醜
hài xiū
害羞
Shy
부끄럽다

mun⁶
悶
mèn / wú liáo
闷 / 无聊
Bored
심심하다

söng¹ sam¹
傷心
shāng xīn
伤心
Sad
슬프다

mun⁵ zhuk¹
滿足
mǎn zú
满足
Satisfied
만족하다

gam² dung⁶
感動
gǎn dòng
感动
Touched
감동하다

gan² zhöng¹
緊張
jǐn zhāng
紧张
Nervous
긴장하다

nau¹
嬲
shēng qì
生气
Angry
화내다, 화나다

geng¹
驚
hài pà
害怕
Scared
무섭다

daam¹ sam¹
擔心
dān xīn
担心
Worried
걱정하다

mun⁵ yi³
滿意
mǎn yì
满意
Satisfied / Pleased
마음에 들다

m⁴ mun⁵ yi³
唔滿意
bù mǎn yì
不满意
Dissatisfied
마음에 안 들다

fei⁴
肥
pàng
胖
Fat
뚱뚱하다

gou¹
高
gāo
高
Tall
(키가) 크다

ai²
矮
ǎi
矮
Short
(키가) 작다

sau³
瘦
shòu
瘦
Thin / Slim
마르다

gou¹　dai¹
高 ↔ 低
gāo　dī
高 ↔ 低
High ↔ Low
높다 ↔ 낮다

tim⁴
甜
tián
甜
Sweet
달다

haam⁴
鹹
xián
咸
Salty
짜다

sün¹
酸
suān
酸
Sour
시다

laat⁶
辣
là
辣
Spicy
맵다

fu²
苦
kǔ
苦
Bitter
쓰다

gwui⁶
劮 / 癐
lèi
累
Tired
피곤하다

han⁴
痕
yǎng
痒
Itchy
가렵다

tung³
痛
tòng
痛
Painful
아프다

형용사

ying⁴ yung⁴ chi⁴
形容詞

chöng⁴
長
cháng
长
Long
길다

dün²
短
duǎn
短
Short
짧다

heng¹
輕
qīng
轻
Light
가볍다

daai⁶
大
dà
大
Big
크다

sai³
細
xiǎo
小
Small
작다

chung⁵
重
zhòng / chén
重 / 沉
Heavy
무겁다

hau⁵
厚
hòu
厚
Thick
두껍다

bok⁶
薄
báo
薄
Thin
얇다

san¹
新
xīn
新
New
새롭다

gau⁶
舊
jiù
旧
Old
낡다

dak¹ yi³
得意
kě ài
可爱
Cute
귀엽다

leng³
靚
piào liang
漂亮
Pretty
예쁘다

wat⁶ dat⁶
核突
chǒu
丑
Ugly
추하다

fut³
闊
kuān
宽
Broad / Wide
넓다

zhaak³
窄
zhǎi
窄
Narrow
좁다

faai³
快
kuài
快
Fast
(속도가) 빠르다

maan⁶
慢
màn
慢
Slow
(속도가) 느리다

gwong¹
光
liàng
亮
Bright
밝다

ngam³
暗
àn
暗
Dark
어둡다

peng⁴
平
pián yi
便宜
Cheap
싸다

gwai³
貴
guì
贵
Expensive
비싸다

zhou²
早
zǎo
早
Early
(시간이) 이르다

ngaan³ / ye⁶ / chi⁴
晏 / 夜 / 遲
wǎn / chí
晚 / 迟
Late
(시간이) 늦다

yit⁶
熱
rè
热
Hot
덥다

nün⁵
暖
wēn nuǎn / nuǎn huo
温暖 / 暖和
Warm
따뜻하다

löng⁴
涼
liáng
凉
Cool
시원하다

dung³
凍
lěng
冷
Cold
춥다

tip³
貼
tiē
贴
Paste / Stick
붙이다

zhin²
剪
jiǎn
剪
Cut / Trim
자르다

tai²
睇
kàn
看
Watch / See
보다

sik⁶
食
chī
吃
Eat
먹다

yam²
飲
hē
喝
Drink
마시다

zhou⁶
做
zuò
做
Do
하다

pa⁴
爬
pá
爬
Crawl / Climb
기어가다

dam²
揼
rēng / diū
扔 / 丟
Discard / Throw
버리다

da²
打
dǎ
打
Hit / Make(a phone call)
치다, (전화를) 걸다

hei² san¹
起身
qǐ chuáng
起床
Wake up
일어나다

fan³ gaau³
瞓覺
shuì jiào
睡觉
Sleep
자다

sai²
洗
xǐ
洗
Wash
씻다

chöü⁴
除
tuō
脱
Take off
벗다

zhök³
着 / 著
chuān
穿
Wear
(옷을) 입다, (신발을) 신다

daai³
戴
dài
戴
Put on
(a pair of glasses, etc)
(안경을) 끼다,
(모자를) 쓰다

wun⁶
換
huàn
换
Change / Exchange
(옷을) 갈아입다

fong³ / baai²
放 / 擺
fàng / bǎi
放 / 摆
Put / Place
(something)
놓다

daai³
帶
dài
带
Bring(something)
가져오다

höü[3] **去** qù 去 Go 가다	lai[4] **嚟** lái 来 Come 오다

haang[4]	zǒu / bù xíng		
行	走 / 步行	Walk	걷다

hoi[1] **開** kāi 开 Open 열다	lo[2] / ling[1] **攞 / 拎** ná / qǔ 拿 / 取 Take 가지다	gwaan[1] / saan[1] **關 / 閂** guān 关 Close 닫다

tek[3]	tī			cho[5]	zuò		
踢	接	Kick	차다	**坐**	坐	Sit	앉다

zhip[3]	jiē		
接	接	Catch / Receive / Welcome	잡다, 맞이하다

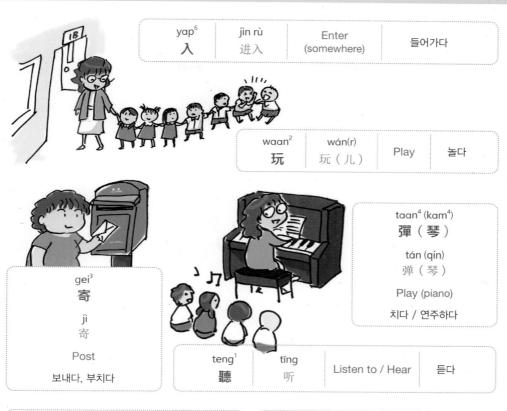

| yap⁶ | jìn rù | Enter (somewhere) | 들어가다 |
| 入 | 进入 | | |

| waan² | wán(r) | Play | 놀다 |
| 玩 | 玩（儿） | | |

taan⁴ (kam⁴)			
彈（琴）			
tán (qín)			
弹（琴）			
Play (piano)			
치다 / 연주하다			

gei³			
寄			
jì			
寄			
Post			
보내다, 부치다			

| teng¹ | tīng | Listen to / Hear | 듣다 |
| 聽 | 听 | | |

| yiu³ | yào | Need | 원하다 |
| 要 | 要 | | |

| chöt¹ | chū | Exit / Leave | 나오다 |
| 出 | 出 | | |

| zhuk¹ (kei²) | xià (qí) | Play (chess) | (체스를) 하다, 두다 |
| 捉（棋） | 下（棋） | | |

| gau³ | jiù | Save | 구하다 |
| 救 | 救 | | |

zhe³
借
jiè
借
Borrow / Lend
빌리다, 빌려주다

zhou¹
租
zū
租
Rent
임대하다

nam²
諗
jué de / xiǎng / sī kǎo
觉得 / 想 / 思考
Think / Consider
~라고 생각하다

waan⁴
還
huán
还
Return
돌려주다

se²
寫
xiě
写
Write
쓰다

töü¹
推
tuī
推
Push
밀다

söng²~
想~
xiǎng~
想~
Want to~
~을(를) 하고 싶다

laai¹
拉
lā
拉
Pull
끌다, 당기다

bei²
俾
gěi
给
Give
주다

tiu³
跳
tiào
跳
Jump
뛰다

gong²
講
shuō
说
Say / Speak
말하다

paau²
跑
pǎo
跑
Run
달리다

maai⁶
賣
mài
卖
Sell
팔다

maai⁵
買
mǎi
买
Buy
사다

duk⁶
讀
dú
读
Read
읽다

wan²
搵
zhǎo
找
Look for / Search for
찾다

baau¹
包
bāo
包
Wrap
싸다

gwo³
過
guò
过
Spend / Live
지내다

yung⁶
用
yòng
用
Use
쓰다

maat³
抹
cā
擦
Wipe
닦다

chöng³ (go¹)
唱（歌）
chàng (gē)
唱（歌）
Sing (a song)
(노래를) 부르다

hoi¹ chi²
開始
kāi shǐ
开始
Start
시작하다

daap³
搭
zuò / chéng
坐 / 乘
Take / Board
(교통수단을) 타다

paai⁴
排
pái
排
Queue
줄을 서다

ting⁴
停
tíng
停
Stop
중지하다

yün⁴
完
jié shù
结束
End
끝나다

lat¹ sik¹
甩色
diào shǎi
掉色
The color comes off
색깔이 빠지다

sai² tong³
洗（熨／燙）
xǐ tàng
洗烫
Wash and iron
세탁과 다림질

sau² sai²
手洗
shǒu xǐ
手洗
Hand-wash
손빨래

pui³ si⁴
配匙
pèi yào shi
配钥匙
Make a spare key
열쇠 복사

söü² sai²
水洗
shuǐ xǐ
水洗
Wash
물빨래

gon¹ sai²
乾洗
gān xǐ
干洗
Dry clean
드라이클리닝

suk¹ söü²
縮水
suō shuǐ
缩水
Shrink
줄어들다

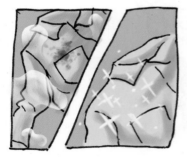

höü³ zhik¹
去漬
qù wū
去污
Remove stains
얼룩 제거

bou² haai⁴
補鞋
bǔ xié
补鞋
Repair the shoes
구두 수선

faan¹ gung¹
返工

shàng bān
上班

Go to work

출근하다

fong³ gung¹
放工

xià bān
下班

Get off work

퇴근하다

ga¹ baan¹
加班

jiā bān
加班

Work overtime

야근하다

hoi¹ wui²
開會

kāi huì
开会

Hold a meeting /
Join a meeting

회의하다

fong³ ga³
放假

fàng jià
放假

Have a holiday /
Have a vacation

휴가를 받다

chöt¹ chaai¹ **出差**	chū chāi 出差	Have a business trip	출장가다

	go³ **個**	ge **个**	A (e.g. apple) (small objects that can be held easily)	개 (사람이 양손으로 들 수 있는 작은 물건)
	gin⁶ **件**	jiàn **件**	A piece of (e.g. jacket / shirt) (clothes / matters / issues)	벌 (의류나 사건 등)
	bui¹ **杯**	bēi **杯**	A cup / glass of (e.g. drinks)	잔 (컵에 들어가는 음료)
	wun² **碗**	wǎn **碗**	A bowl of (e.g. soup)	그릇 (그릇에 들어가는 음식)
	zhi¹ **枝**	zhī **支**	A / An (e.g. pen / pencil) (slender / rod-shaped objects / bottle)	자루 (길고 얇은 물건)
	zhön¹ **樽**	píng **瓶**	A bottle of (e.g. drinks)	병 (병에 들어가는 것)
	baau¹ **包**	bāo **包**	A bag of (e.g. candies, chips) (objects that are put inside a bag / package)	봉투, 봉지 (포장된 물건이나 봉투에 들어가는 물건)

광둥어	중국어	뜻	한국어	그림
zhöng[1] 張	zhāng 张	A sheet of (e.g. paper) (objects that are flat)	장 (납작한 물건)	
hap[6] 盒	hé 盒	A box of (e.g. cookie / candies)	상자 (상자에 들어 있는 물건)	
zhek[3] 隻	zhī 只	A(e.g. boat) / An(e.g. animal)	마리, 척 (동물이나 배, 또는 2개가 한 쌍이 되는 물건 중 한 개)	
ba[2] 把	bǎ 把	A / An (e.g. umbrella / knife) (objects with handle to carry)	손잡이가 있는 물건	
chi[3] 次	cì 次	Time(s) (Number of times of happenings)	번 (일의 횟수)	
dip[6] 碟	pán 盘	A plate of (e.g. food)	접시 (접시로 갯수를 헤아릴 수 있는 요리)	
döü[3] 對	shuāng 双	A pair of (e.g. shoes / chopsticks)	쌍, 짝 (두 개가 한 쌍을 이루는 물건)	
yöng[6] 樣	yàng 样	A kind of thing	사물의 종류	

	ga³ 架	liàng / jià 辆 / 架	A (e.g. camer / car) (machine / device)	대 (기계 등 조립된 물건)
	gau⁶ 嚿	kuài 块	A piece of (e.g. eraser / litter / chocolate)	개 (한 덩어리로 되어 있는 물건)
	ha⁵ 吓	xià 下	Number of times of quick action (e.g. kick / hit)	번 (동작의 횟수)
	zho⁶ 座	zuò 座	A / An (e.g. mountain / building) (things that are huge)	좌, 동, 채 (산이나 빌딩처럼 큰 물건)
	tiu⁴ 條	tiáo 条	A / An (e.g. rope) (objects that are long and thin)	가늘고 긴 형태의 물건
	tou³ 套	tào 套	A set / A series	벌, 세트 (시리즈, 세트, 묶음 상품)
	gwun³ 罐	guàn 罐	A can / tin of (e.g. canned food / Coca-cola)	캔 (통조림, 콜라 등 캔에 들어 있는 물건)

bun[2] 本	běn 本	A / An (e.g. book / magazine) (binded piblications)	권 (책, 잡지 등 서적)
fan[6] 份	fèn 份	A set of (e.g. newspaper / documents)	부 (신문이나 문서)
faai[3] 塊	kuài 块	A piece of (e.g. biscuit) (things that are flat and hard)	조각 (납작한 작은 물건)
pin[3] 片	piàn 片	A slice of	조각 (납작하고 얇은 슬라이스로 된 물건)
söü[3] 歲	suì 岁	~year-old (age)	세 살 (연령, 나이)
gan[1] 斤	jīn 斤	A catty of (a unit for weighing mainly fish or vegetables, corresponding to 600 grams approximately)	근 (무게의 단위로 약 600g, 주로 생선이나 야채류을 계량할 때 사용)
löng[2] 兩	liǎng 两	A tael of (a unit for weighing meat or gold and relatively light objects, corresponding to 38 grams approximately)	양 (무게의 단위로 약 38g, 주로 육류나 금 등 가벼운 물건을 계량할 때 사용)
on[1] si[2] 安士	àng sī 盎司	Ounce	온스 (무게의 단위로 약 28g, 주로 스테이크나 향수 등 을 계량할 때 사용)

zhü⁶ zhoi⁶ Höng¹ gong²

住在香港

홍콩에서
살다

| söng⁶ bin⁶ **上便** | shàng miàn / shàng biān 上面 / 上边 | Up / On / Above | 위 |

| zho² bin⁶ **左便** zuǒ miàn / zuǒ biān 左面 / 左边 Left 왼쪽 | | chin⁴ bin⁶ **前便** qián miàn / qián biān 前面 / 前边 Front / In front of 앞 |

| hau⁶ bin⁶ **後便** hòu miàn / hòu biān 后面 / 后边 Back / Behind 뒤 | | yau⁶ bin⁶ **右便** yòu miàn / yòu biān 右面 / 右边 Right 오른쪽 |

| ha⁶ bin⁶ **下便** | xià miàn / xià biān 下面 / 下边 | Under / Below | 밑, 아래 |

| ~bin¹ **~邊** ~biān 〜边 ~side 〜쪽 | | höng³ **向** xiàng 向 Facing~ 〜로 |

| ~bin⁶ **~便** ~miàn 〜面 ~side 〜쪽 | | hai² **喺** zài 在 In / At / On 〜에, 에서 |

| zhün³ gok³ **轉角** | zhuǎn jiǎo 转角 | Street corner | 모퉁이 |

zhak¹ bin¹ / gaak³ lei⁴

側邊 / 隔離

páng biān / gé bì

旁边 / 隔壁

Alongside / Beside / Next to

옆

zhung¹ gaan¹

中間

zhōng jiān

中间

In the middle

가운데

löü⁵ min⁶

（裡 / 裏）面

lǐ miàn / lǐ biān

里面 / 里边

Inside / In

안

ngoi⁶ min⁶

外面

wài miàn / wài biān

外面 / 外边

Outside

밖

deng²

頂

dǐng bù

顶部

Top

꼭대기

dai²

底

dǐ bù

底部

Bottom

밑, 바닥

sai¹

西

xī

西

West

서

bak¹

北

běi

北

North

북

naam⁴

南

nán

南

South

남

dung¹

東

dōng

东

East

동

gaai¹ si⁵
街市
cài shì chǎng
菜市场
Wet market
시장

pou³ tau²
舖頭
shāng diàn
商店
Shop / Store
가게

ka¹ la¹
卡拉 OK
kǎ lā
卡拉 OK / KTV
Karaoke
노래방

söng¹ chöng⁴
商場
shāng chǎng
商场
Shopping mall
백화점, 쇼핑몰

hei³ yün²
戲院
diàn yǐng yuàn
电影院
Cinema
영화관

chaan¹ teng¹
餐廳
cān tīng / fàn diàn
餐厅 / 饭店
Restaurant / Canteen
식당

ngoi⁶ bai⁶ zhaau² wun⁶ dim³
外幣找換店
(wài bì) duì huàn chù
（外币）兑换处
Foreign currency exchange store
환전소

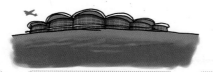

löü⁵ hang⁴ se⁵
旅行社
lǔ xíng shè
旅行社
Travel agency
여행사

gei¹ chöng⁴
機場
jī chǎng
机场
Airport
공항

sau¹ ngan² chü³
收銀處
shōu yín chù / shōu yín tái
收银处 / 收银台
Cashier
계산대

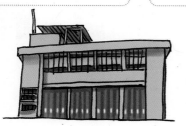

siu¹ fong⁴ guk²
消防局
xiāo fáng jú
消防局
Fire station
소방서

ging² guk²
警局
jǐng chá jú
警察局
Police station
경찰서

chung² mat⁶ dim³
寵物店
chǒng wù diàn
宠物店
Pet shop
애완동물 가게

sü¹ bou³ taan¹
書報攤
shū bào tān
书报摊
Newsstand
신문 가판대

tai² yuk⁶ gwun²
體育館
tǐ yù guǎn
体育馆
Gymnasium
체육관

gung¹ yün²
公園
gōng yuán
公园
Park
공원

tou⁴ sü¹ gwun²
圖書館
tú shū guǎn
图书馆
Library
도서관

chan² so²
診所
zhěn suǒ
诊所
Clinic
개인 병원

dung⁶ mat⁶ yün⁴
動物園
dòng wù yuán
动物园
Zoo
동물원

se⁵ köü¹ zhung¹ sam¹
社區中心
shè qū fú wù zhōng xīn
社区服务中心
Community center
마을회관

wan⁶ dung⁶ chöng⁴
運動場
yùn dòng chǎng
运动场
Sports field
운동장

zhik⁶ mat⁶ gung¹ yün²
植物公園
zhí wù yuán
植物园
Botanical garden
식물원

bok³ mat⁶ gwun²
博物館
bó wù guǎn
博物馆
Museum
박물관

yau⁴ lok⁶ chöng⁴
遊樂場
yóu lè chǎng / yóu lè yuán
游乐场 / 游乐园
Playground
놀이터, 놀이공원

hok⁶ haau⁶
學校
xué xiào
学校
School
학교

yau³ zhi⁶ yün²
幼稚園
yòu ér yuán
幼儿园
Kindergarten
유치원

siu² hok⁶
小學
xiǎo xué
小学
Primary school
초등학교

zhung¹ hok⁶
中學
zhōng xué
中学
Secondary school
중·고등학교

daai⁶ hok⁶
大學
dà xué
大学
University
대학교

1
gaau³ wui²
教會

jiào huì
教会

Church

교회

2
zhau² ba¹
酒吧

jiǔ bā
酒吧

Bar / Pub

술집, 바

3
ga³ fe¹ sat¹
咖啡室

kā fēi diàn / kā fēi tīng
咖啡店 / 咖啡厅

Coffee shop / Café

카페, 커피숍

4
miu²
廟

sì miào
寺庙

Temple

사원, 절

5
ma⁵ tau⁴
碼頭

mǎ tóu
码头

Pier

부두

6
sa¹ taan¹
沙灘

shā tān
沙滩

Beach

바닷가

dou²

島

dǎo

岛

Island

섬

hoi²

海

hǎi

海

Ocean

바다

saan¹

山

shān

山

Mountain

산

kai¹ gaan³

溪澗

xī jiàn

溪涧

Stream

계곡

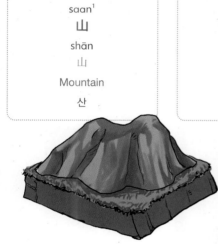

ho⁴

河

hé

河

River

강

chi⁴ tong⁴

池塘

chí táng

池塘

Pond

연못

wu⁴

湖

hú

湖

Lake

호수

1
lou⁶ dang¹
路燈
lù dēng
路灯
Street lamp
가로등

2
hang⁴ yan⁴ lou⁶
行人路
rén xíng dào
人行道
Pavement
인도, 보도

3
sau¹ fai³ zhaam⁶
收費站
shōu fèi zhàn
收费站
Tollgate
요금소

4
hang⁴ yan⁴ tin¹ kiu⁴
行人天橋
guò jiē tiān qiáo
过街天桥
Pedestrian overpass
육교

5
gou¹ chuk¹ gung¹ lou⁶
高速公路
gāo sù gōng lù
高速公路
Expressway
고속도로

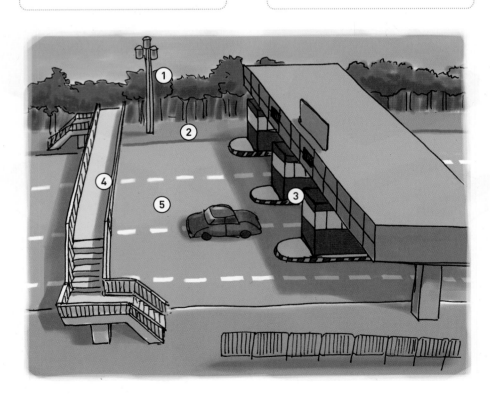

hang⁴ yan⁴ fu⁶ zho⁶ sin³
行人輔助線（黃色線）
huáng sè bān mǎ xiàn
黄色斑马线

Pedestrian crossing / crosswalk

횡단보도

gaau¹ tung¹ dang¹ / hung⁴ luk⁶ dang¹
交通燈 / 紅綠燈
xìn hào dēng / hóng lǜ dēng
信号灯 / 红绿灯

Traffic lights

신호등

ting⁴ che¹ chöng⁴
停車場
tíng chē chǎng
停车场

Car park / Parking lot

주차장

on¹ chün⁴ dou²
安全島
ān quán dǎo
安全岛

Pedestrian refuge

보행자 안전지역

gung¹ zhung³ din⁶ wa² ting⁴
公眾電話亭
gōng gòng diàn huà tíng
公共电话亭

Public telephone booth

공중전화 부스

baan¹ ma⁵ sin³
斑馬線（白色線）
rén xíng héng dào / bān mǎ xiàn
人行横道 / 斑马线

Zebra crossing

신호등 없는 횡단보도

hang⁴ yan⁴ söü⁶ dou⁶
行人隧道
dì xià tōng dào
地下通道

Pedestrian subway

지하도

ba¹ si² zhaam⁶
巴士站
gōng jiāo chē zhàn
公交车站
Bus stop
버스 정류장

siu² ba¹ zhaam⁶
小巴站
xiǎo bā zhàn
小巴站
Mini-bus stop
미니버스 정류장

dik¹ si² zhaam⁶
的士站
chū zū chē tíng kào diǎn / dī shì yáng zhāo diǎn
出租车停靠点 / 的士扬招点
Taxi stand
택시 승강장

fo² che¹ zhaam⁶
火車站
huǒ chē zhàn
火车站
Train station
기차역

dei⁶ tit³ zhaam⁶
地鐵站
dì tiě zhàn
地铁站
Subway station / MTR station
지하철역

gung¹ gung⁶ chi³ so²
公共厠所

gōng gòng cè suǒ
公共厕所

Public toilet

공중 화장실

gung¹ gung⁶ yau⁴ wing⁶ chi⁴
公共游泳池
gōng gòng yóu yǒng chí
公共游泳池
Public swimming pool
공공 수영장

yau⁴ tung²
郵筒
yóu xiāng
邮箱
Postbox
우체통

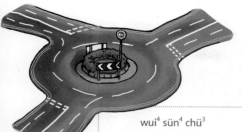

wui⁴ sün⁴ chü³

迴旋處

zhuàn pán / huán dǎo
转盘 / 环岛

Roundabout

회전교차로

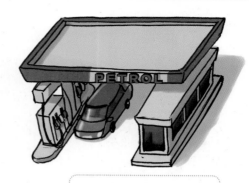

yau⁴ zhaam⁶

油站

jiā yóu zhàn
加油站

Gas station

주유소

che¹ wai²

車位

chē wèi
车位

Parking space

주차 공간

gwat⁶ tau⁴ lou⁶

倔頭路

sǐ lù / jìn zhǐ tōng xíng
死路 / 禁止通行

Dead-end

막다른 골목

lou⁶ biu¹

路標

lù biāo
路标

Road sign

표지판

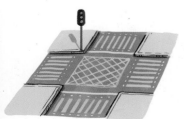

sap⁶ zhi⁶ lou⁶ hau²

十字路口

shí zì lù kǒu
十字路口

Crossroad

사거리

1
daan¹ che¹
單車
zì xíng chē
自行车
Bicycle
자전거

2
dik¹ si²
的士
chū zū chē / jì chéng chē
出租车 / 计程车
Taxi
택시

3
zhik⁶ tung¹ ba¹
直通巴
zhí tōng bā shì
直通巴士
Shuttle bus
셔틀버스

4
ba¹ si²
巴士
gōng gòng qì chē / gōng jiāo chē
公共汽车 / 公交车
Bus
버스

5
din⁶ daan¹ che¹
電單車
mó tuō chē
摩托车
Motorcycle
오토바이

6
si¹ ga¹ che¹
私家車
sī jiā chē
私家车
Private car
자가용, 자동차

7
siu² ba¹
小巴
xiǎo bā
小巴
Minibus
미니버스

8
zhai²
Van 仔
miàn bāo chē
面包车
Van
승합차, 벤

9
fo³ che¹
貨車
huò chē
货车
Truck
트럭

10
paau² che¹
跑車
pǎo chē
跑车
Sports car
스포츠카

11
dei⁶ ha⁶ tit³
地下鐵
dì tiě
地铁
Subway / MTR
지하철

fo² che¹
火車
huǒ chē
火车
Train
기차

saan¹ deng² laam⁶ che¹
山頂纜車
shān dǐng lǎn chē
山顶缆车
Peak tram
피크 트램

hing¹ tit³
輕鐵
qīng guǐ diàn chē
轻轨电车
Light Rail
지상 전철

gei¹ tit³
機鐵
jī chǎng kuài xiàn
机场快线
Airport Express
공항 급행열차

din⁶ che¹ / ding¹ ding¹
電車 / 叮叮
yǒu guǐ diàn chē
有轨电车
Tram
트램

fei¹ gei¹
飛機
fēi jī
飞机
Aeroplane
비행기

yau⁴ lön⁴
郵輪
yóu lún
邮轮
Cruise ship
유람선

siu² lön⁴
小輪
dù hǎi xiǎo lún / dù lún
渡海小轮 / 渡轮
Ferry
페리

sün⁴
船
chuán
船
Ship / Boat
배

ging² che¹
警車
jǐng chē
警车
Police car
경찰차

siu¹ fong⁴ che¹
消防車
xiāo fáng chē
消防车
Fire engine
소방차

gau³ wu⁶ che¹
救護車
jiù hù chē
救护车
Ambulance
구급차, 응급차

laap⁶ saap³ che¹
垃圾車
lā jī chē
垃圾车
Garbage truck
쓰레기차

faan⁴ sün⁴
帆船
fān chuán
帆船
Sailboat
범선

gaai³ fun² che¹
解款車
yùn chāo chē
运钞车
Armored vehicle(Carrying cash)
현금 수송차

gwun¹ gwong¹ ba¹ si²
觀光巴士
guān guāng bā shì
观光巴士
Tour bus
관광 버스

taan² hak¹ che¹
坦克車
tǎn kè
坦克
Tank
탱크

zhin³ dau³ gei¹
戰鬥機
zhàn dòu jī
战斗机
Fighter plane
전투기

saan¹ baan²
舢板
shān bǎn
舢舨
Sampan
(Flat bottomed Chinese wooden boat)
삼판(작은 나무배)

1 söü⁶ fong² **睡房** wò shì 卧室 Bedroom 침실	**2** yuk⁶ sat¹ **浴室** yù shì 浴室 Bathroom 화장실, 욕실	**3** lou⁶ toi⁴ **露臺** yáng tái 阳台 Balcony 베란다	**4** chöng¹ fa¹ **窗花** chuāng gé zi 窗格子 Window grille 창살, 창문 안전망
5 (chöü⁴ / chü⁴) fong² **廚房** chú fáng 厨房 Kitchen 주방	**6** sü¹ fong² **書房** shū fáng 书房 Study room 서재	**7** haak³ teng¹ **客廳** kè tīng 客厅 Living room 거실	**8** mun⁴ hau² **門口** mén kǒu 门口 Doorway / Entryway 현관

9 chöng¹ mun²
窗門
chuāng
窗
Window
창문

10 zhou² hap⁶ gwai⁶
組合櫃
zǔ hé guì
组合柜
Combination cabinets
조합 가구

11 mun⁴ so²
門鎖
mén suǒ
门锁
Door lock
현관문 자물쇠

12 mun⁴ zhung¹
門鐘
mén líng
门铃
Doorbell
초인종

13 mun⁴ beng³
門柄
mén bǎ shǒu
门把手
Handle
문 손잡이

14 sön³ söng¹
信箱
xìn xiāng
信箱
Mailbox
우편함

tin¹ toi²
天台
tiān tái
天台
Rooftop
옥상

so² si⁴
鎖匙
yào shi
钥匙
Key
키

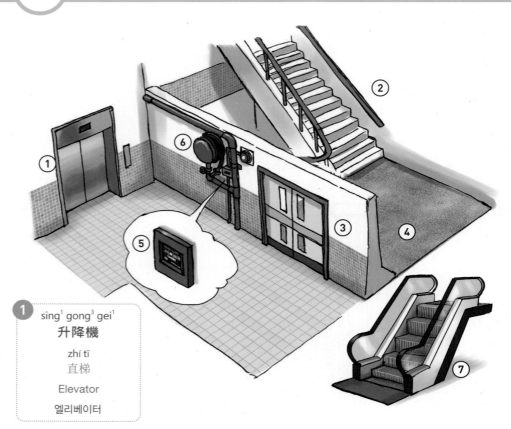

1
sing¹ gong³ gei¹
升降機
zhí tī
直梯
Elevator
엘리베이터

2
lau⁴ tai¹
樓梯
lóu tī
楼梯
Stairs
계단

3
fong⁴ yin¹ mun⁴
防煙門
fáng yān mén
防烟门
Fire door
방화문

4
zhau² fo² tung¹ dou⁶
走火通道
táo shēng tōng dào / shū sàn tōng dào
逃生通道 / 疏散通道
Fire exit
비상구

5
siu¹ fong⁴ zhung¹
消防鐘
xiāo fáng jǐng bào líng
消防警报铃
Fire alarm
화재 경보기

6
siu¹ fong⁴ hau⁴
消防喉
xiāo fáng hóu / xiāo fáng shuǐ dài
消防喉 / 消防水带
Fire hose
소방호스

7
fu⁴ sau² din⁶ tai¹
扶手電梯
fú shǎu diàn tī
扶手电梯
Escalator
에스컬레이터

gung¹ yün²
公園
gōng yuán
公园
Park
공원

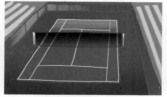

kau⁴ chöng⁴
球場
qiú chǎng
球场
~Court
〜구장

yau⁴ wing⁶ chi⁴
游泳池
yóu yǒng chí
游泳池
Swimming pool
수영장

dei⁶ tit³ zhaam⁶
地鐵站
dì tiě zhàn
地铁站
MTR station
지하철역

chiu¹ kap¹ si⁵ chöng⁴
超級市場
chāo shì
超市
Supermarket
슈퍼마켓

bin⁶ lei⁶ dim³
便利店
biàn lì diàn
便利店
Convenience store
편의점

daai⁶ tong⁴ **大堂**	dà táng 大堂	Lobby	로비
gwun² lei⁵ chü⁵ **管理處**	guǎn lǐ chù 管理处	Management office	관리실
wui⁶ so² **會所**	huì suǒ 会所	Clubhouse	클럽하우스
gin⁶ san¹ sat¹ **健身室**	jiàn shēn fáng 健身房	Gymnasium	헬스장

| yuk⁶ sat¹
浴室 | yù shì
浴室 | Bathroom | 욕실 |

1 sai² min⁶ pun⁴
洗面盆

xǐ liǎn pén
洗脸盆

Washbasin

세면대

2 ma⁵ tung²
馬桶

chōu shuǐ mǎ tǒng / zuò biàn qì
抽水马桶 / 座便器

Toilet

변기

3 chi³ baan²
厠板

mǎ tǒng zuò / mǎ tǒng quān
马桶座 / 马桶圈

Toilet seat

변기 시트

4 bong²
磅

tǐ zhòng chèng
体重秤

Bathroom scale

체중계

5
yuk⁶ gong¹
浴缸
yù gāng
浴缸
Bathtub
욕조

6
söü² lung⁴ tau⁴
水龍頭
shuǐ lóng tóu
水龙头
Faucet
수도꼭지

7
söü² söng¹
水箱
shuǐ xiāng
水箱
Toilet tank
변기 물탱크

8
höü³ söü² wai²
去水位
pái shuǐ kǒu
排水口
Floor drain
배수구

9
yuk⁶ lim²
浴簾
yù lián
浴帘
Shower curtain
샤워커튼

10
fa¹ sa²
花灑
lián peng tóu
莲蓬头
Showerhead
샤워기

11
chau¹ hei³ sin³
抽氣扇
huàn qì shàn
换气扇
Ventilating fan
환풍기

so¹
梳
shū zi
梳子
Comb
빗

yuk⁶ mou²
浴帽
yù mào
浴帽
Shower cap
샤워캡

geng³
鏡
jìng zi
镜子
Mirror
거울

yuk⁶ pou⁴
浴袍
yù páo
浴袍
Bathrobe
샤워가운

mou⁴ gan¹
毛巾
máo jīn
毛巾
Towel
수건, 타월

| haak³ teng¹ **客廳** | kè tīng 客厅 | Living room | 거실 |

dang¹ daam² **燈膽**	toi² dang¹ **枱燈**	on³ mo¹ yi² **按摩椅**
diàn dēng pào 电灯泡	tái dēng 台灯	àn mó yǐ 按摩椅
Light bulb	Lamp	Massage chair
전구	스탠드	안마의자

söng² ga² **相架**	chaan¹ toi² **餐枱**	dang³ **櫈**
xiàng jià 相架	cān zhuō 餐桌	yǐ zi 椅子
Photo frame	Dining table	Chair
액자	식탁	의자

1
tin¹ fa¹ baan²
天花板
tiān huā bǎn
天花板
Ceiling
천장

2
sü¹ ga²
書架
shū jià
书架
Bookshelf
책장

3
chöng⁴
牆
qiáng
墙
Wall
벽

4
chöng¹ lim²
窗簾
chuāng lián
窗帘
Curtain
커튼

5
so¹ fa²
梳化
shā fā
沙发
Sofa
소파

6
kwu¹ sön²
咕臣
kào diàn / bào zhěn
靠垫 / 抱枕
Cushion
쿠션

7
cha⁴ gei¹
茶几
chá jī
茶几
Teapoy
탁자

8
dei⁶ baan²
地板
dì bǎn
地板
Floor
바닥

söü⁶ fong² **睡房**	wò shì **卧室**	Bedroom	침실

yi¹ gwai⁶   **衣櫃**   yī guì   衣柜   Wardrobe   옷장

sü¹ toi²   **書枱**   shū zhuō   书桌   Desk   책상

so¹ zhong¹ toi²   **梳妝枱**   shū zhuāng tái   梳妆台   Dressing table   화장대

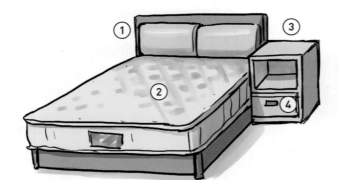

1 chong⁴
 床
 chuáng
 床
 Bed
 침대

2 chong⁴ yuk²
 床褥
 chuáng diàn
 床垫
 Mattress
 매트리스

3 chong⁴ tau⁴ gwai⁶
 床頭櫃
 chuáng tóu guì
 床头柜
 Nightstand
 침대 옆 서랍장, 협탁

4 gwai⁶ tung²
 櫃桶
 chōu ti
 抽屉
 Drawer
 서랍

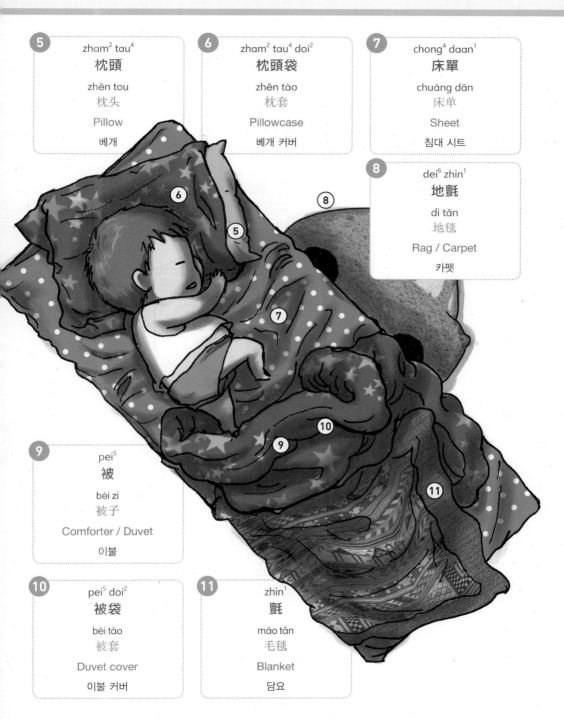

5
zham² tau⁴
枕頭
zhěn tou
枕头
Pillow
베개

6
zham² tau⁴ doi²
枕頭袋
zhěn tào
枕套
Pillowcase
베개 커버

7
chong⁴ daan¹
床單
chuáng dān
床单
Sheet
침대 시트

8
dei⁶ zhin¹
地氈
dì tǎn
地毯
Rag / Carpet
카펫

9
pei⁵
被
bèi zi
被子
Comforter / Duvet
이불

10
pei⁵ doi²
被袋
bèi tào
被套
Duvet cover
이불 커버

11
zhin¹
氈
máo tǎn
毛毯
Blanket
담요

| (chöü⁴ / chü⁴) fong²
 廚房 | chú fáng
 厨房 | Kitchen | 주방 |

chü⁴ gwai⁶
廚櫃

chú guì
橱柜

Kitchen cabinet

찬장

diu³ dang¹
吊燈

diào dēng
吊灯

Pendant light

펜던트 등

sing¹ pun²
鋅盤

shuǐ cáo
水槽

Sink

싱크대

gwun³ tau² dou¹
罐頭刀

guàn tou dāo
罐头刀

Can opener

통조림 따개

mat⁶ sat⁶ doi²
密實袋

mì fēng / bǎo xiān dài
密封 / 保鲜袋

Ziploc bag

지퍼백

pai¹ pei⁴ dou¹
批皮刀

xiāo pí dāo
削皮刀

Peeler

껍질까개

sek⁶ zhi²
錫紙

xī zhǐ / lǚ bó zhǐ
锡纸 / 铝箔纸

Aluminium foil

호일

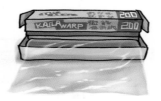

bou² sin¹ zhi²
保鮮紙

bǎo xiān mó
保鲜膜

Plastic wrap

식품 포장용 랩

bou² sin¹ hap²
保鮮盒

bǎo xiān hé
保鲜盒

Food containers

식품 용기

wai⁴ kwan²
圍裙

wéi qún
围裙

Apron

앞치마

gaak³ yit⁶ sau² tou³
隔熱手套

gé rè shǒu tào
隔热手套

Oven gloves

오븐 장갑

gaak³ yit⁶ zhin³
隔熱墊

gé rè diàn
隔热垫

Pot holder

냄비 받침

bing¹ gaak³
冰格

bīng gé / zhì bīng hé
冰格 / 制冰盒

Ice tray

아이스 트레이

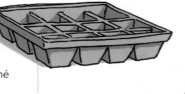

hoi¹ ping⁴ hei³
開瓶器

kāi píng qì
开瓶器

Bottle opener

병따개

2-05 집 **107**

1 wok⁶ chaan² **鑊鏟** guō chǎn / chǎn zi 锅铲 / 铲子 Spatula 뒤집개	

1 wok⁶ chaan²
鑊鏟
guō chǎn / chǎn zi
锅铲 / 铲子
Spatula
뒤집개

2 ping⁴ dai² wok⁶ / zhin¹
平底鑊 / 煎 pan
píng dǐ guō
平底锅
Frying pan
후라이팬

3 da² daan² hei³
打蛋器
dǎ dàn qì
打蛋器
Balloon whisk
거품기

4 bou¹ goi³
煲蓋
guō gài
锅盖
Lid
냄비뚜껑

5 bou¹
煲
bāo tāng guō / dùn guō
煲汤锅 / 炖锅
Pot
냄비

6 wok⁶
鑊
guō / chǎo sháo
锅 / 炒勺
Wok
중국식 냄비

7 saang¹ gwo² dou¹
生果刀
shuǐ guǒ dāo
水果刀

Paring knife / Fruit knife

과일칼

8 choi³ dou¹
菜刀
cài dāo
菜刀

Chinese chef's knife

중국 식칼

9 zham¹ baan²
砧板
cài bǎn / zhēn bǎn
菜板 / 砧板

Chopping board

도마

10 sai² git³ zhing¹
洗潔精
xǐ jié jīng
洗洁精

Dish soap

세제

11 baak³ git³ bou³
百潔布
bǎi jié bù
百洁布

All-purpose cloth

스펀지, 수세미

12 saau¹ gei¹
筲箕
xǐ cài lán
洗菜篮

Colander

소쿠리

gün[2] chek[3] **卷尺**	kim[2] **鉗**	gö[3] **鋸**	chöü[4] zhai[2] （鎚／錘）仔
juǎn chǐ 卷尺	qián zi 钳子	jù zi 锯子	chuí zi 锤子
Tape measure	Pliers	Saw	Hammer
줄자	펜치	톱	쇠망치

lo[4] si[1] pai[1] **螺絲批**	din[6] zhün[3] **電鑽**	deng[1] **釘**
luó sī dāo 螺丝刀	diàn zuàn 电钻	dīng zi 钉子
Screwdriver	Drill	Nail
나사 드라이버	드릴	못

maan[6] nang[4] chaap[3] sou[1] **萬能插蘇**	chaap[3] tau[2] **插頭**	si[6] ba[1] na[2] **士巴拿**
wàn néng chā tóu / zhuǎn huàn chā tóu 万能插头 / 转换插头	chā tóu 插头	bān shǒu 扳手
Adapter	Plug	Spanner
T형 멀티탭	플러그	스패너

lo⁴ si¹
螺絲
luó sī / luó sī dīng
螺丝 / 螺丝钉
Screw
나사

fung¹ söng¹ gaau¹ zhi²
封箱膠紙
fēng xiāng jiāo dài
封箱胶带
Sealing tap
박스 테이프

tai¹
梯
tī zi
梯子
Ladder
사다리

gwa³ ngau¹
掛鈎
guà gōu
挂钩
Hook
흡착걸이

gung¹ göü⁶ söng¹
工具箱
gōng jù xiāng
工具箱
Tool box
도구상자

chaan²
鏟
chǎn zi
铲子
Shovel
삽

din⁶ tung²
電筒
shǒu diàn tǒng
手电筒
Flashlight
플래시, 손전등

yau⁴ sou²
油掃
yóu qī shuā
油漆刷
Paintbrush
페인트 붓

yau⁴ chat¹
油漆
yóu qī
油漆
Paint
페인트

1

taam³ yit⁶
探熱

liáng tǐ wēn
量体温

Take (someone's) temperture

체온을 재다

2

faat³ siu¹
發燒

fā shāo
发烧

Fever

열이 나다

3

yi¹ sang¹ zhi²
醫生紙

zhěn duàn shū / zhěn duàn zhèng míng
诊断书 / 诊断证明

Medical certificate

진단서

4

yök⁶ söü²
藥水

yào shuǐ
药水

Liquid medicine

물약

5

yök⁶ yün²
藥丸

yào wán / yào piàn
药丸 / 药片

Pills

알약

yök⁶ gou¹
藥膏

yào gāo
药膏

Ointment

연고

gap¹ zhing³ **急症**	jí zhěn 急诊	Emergency	응급 진찰

gwa³ hou⁶ / dang¹ gei³
掛號 / 登記

guà hào / dēng jì
挂号 / 登记

Registration

접수

fuk¹ chan²
覆診

fù zhěn
复诊

Follow-up appointment

재진찰을 받다

baau¹ zhaat³ söng¹ hau²
包紮傷口

bāo zā shāng kǒu
包扎伤口

Bind up a wound

붕대를 감다

sai² söng¹ hau²
洗傷口

xǐ shāng kǒu
洗伤口

Clean a wound

상처를 씻다

löng⁴ hüt³ ngaat³
量血壓

liáng xuè yā
量血压

Measure the blood pressure

혈압을 재다

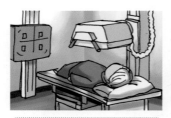

zhiu³ gwong¹
照 X 光

pāi guāng / pāi piān
拍 X 光 / 拍片

Have an X-ray

엑스레이를 찍다

lün⁴ zham¹
聯針

féng zhēn
缝针

Stitch a wound

상처를 꿰매다

chaak³ sin³
拆線

chāi xiàn
拆线

Remove stitches

실밥을 풀다

mat⁶ lei⁵ zhi⁶ liu⁴
物理治療

wù lǐ zhì liáo
物理治疗

Physiotherapy

물리치료

sau² söt⁶ sat¹
手術室
shǒu shù shì
手术室
Operation room
수술실

hoi¹ dou¹ / zhou⁶ sau² söt⁶
開刀 / 做手術
kāi dāo / zuò shǒu shù
开刀 / 做手术
Having a surgery
수술을 받다

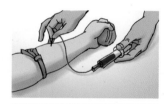

da² zham¹
打針
dǎ zhēn
打针
Injection
주사를 맞다

yim⁶ hüt³
驗血
yàn xiě
验血
Blood test
혈액검사

chau¹ hüt³
抽血
chōu xiě
抽血
Take a blood sample
피를 뽑다

san¹ tai² gim² cha⁴
身體檢查
shēn tǐ jiǎn chá
身体检查
Body check
건강검진

tai² beng⁶
睇病
kàn bìng
看病
See the doctor
진료를 받다

| zhat⁶ beng⁶ 疾病 | jí bìng 疾病 | Illnesses | 질병 |

bin⁶ bei³
便秘

biàn mì
便秘

Constipation

변비

ngaau² chaai⁴
拗柴

guǎi shāng / niǔ shāng
拐伤 / 扭伤

Sprain

염좌

tau⁴ tung³
頭痛

tóu tòng
头痛

Headache

두통

söng¹ fung¹
傷風

shāng fēng
伤风

Cold

감기

faat³ laang⁵ / zhim¹ hon⁴ zhim¹ dung³
發冷 / 譫寒譫凍

fā lěng
发冷

Chills

오한이 나다

kat¹
咳

ké sou
咳嗽

Cough

기침이 나다

hau⁴ lung⁴ tung³
喉嚨痛

hóu lóng tòng
喉咙痛

Sore throat

목이 아프다

gam² mou⁶
感冒

gǎn mào
感冒

Influenza(Flu)

감기, 감기에 걸리다

tau⁴ wan⁴
頭暈

yùn xuàn / tóu yūn
晕眩 / 头晕

Dizzy

어지럽다

tou⁵ tung³
肚痛

dù zi tòng
肚子痛

Abdominal pain

복통, 배가 아프다

wai⁶ tung³
胃痛

wèi tòng
胃痛

Stomachache

위통, 위가 아프다

zhok³ (au² / ngau²)
作嘔

ě xīn
恶心

Nausea

메스껍다

| tou⁵ ngo¹
肚屙 | lā dù zi
拉肚子 | Diarrhe | 설사하다 |

chün⁴ san¹ mou⁵ lik⁶ / sau² yün⁵ gök³ yün⁵
全身方力 / 手軟腳軟

hún shēn méi lì / shǒu ruǎn jiǎo ruǎn
浑身没力 / 手软脚软

Lack of strength / Asthenia

기운이 없다

bei⁶ sak¹ **鼻塞**	lau⁴ bei⁶ tai³ **流鼻涕**	au² / ngau² **嘔**
bí sāi 鼻塞	liú bí tì 流鼻涕	ǒu tù 呕吐
Stuffed nose	Runny nose	Vomit
코가 막히다	콧물이 나다	토하다

sö$ü^2$ dau^2
水痘
shuǐ dòu
水痘
Chickenpox
수두

chan^2
疹
zhěn zi
疹子
Rash
발진

pan^4 hüt^3
貧血
pín xiě
贫血
Anemia
빈혈증

zhung^3 sü^2
中暑
zhòng shǔ
中暑
Heatstroke
더위를 먹다

man^5 gam^2
敏感
guò mǐn
过敏
Allergy
알레르기

da^2 hat^1 chi^1
打乞嗤
dǎ pēn tì
打喷嚏
Sneeze
재채기를 하다

yi^5 ming^4
耳鳴
ěr míng
耳鸣
Tinnitus
이명

lau⁴ hüt³
流血

liú xiě
流血

Bleed

피가 나다

hung⁴ zhung²
紅腫

hóng zhǒng
红肿

Red and swollen

피부가 빨갛게 붓다

faat³ yim⁴
發炎

fā yán
发炎

Inflammation

염증

yü²
瘀

yū (qīng)
瘀（青）

Bruise

멍이 들다

sam¹ zhong⁶ beng⁶	xīn zàng bìng	Heart disease	심장병
心臟病	心脏病		

ngaam⁴ zhing³

癌症

ái zhèng

癌症

Cancer

암

gou¹ hüt³ ngaat³

高血壓

gāo xuè yā

高血压

High blood pressure

고혈압

gan⁶ si⁶

近視

jìn shì

近视

Myopia /
Near-sightedness

근시

yün⁵ si⁶

遠視

yuǎn shì

远视

Hyperopia /
Far-sightedness

원시

lou⁵ fa¹

老花

lǎo huā (yǎn)

老花（眼）

Presbyopia

노안

tong⁴ liu⁶ beng⁶

糖尿病

táng niào bìng

糖尿病

Diabetes

당뇨병

| zhü⁶ yün² / yap⁶ yün²
住院 / 入院 | zhù yuàn / rù yuàn
住院 / 入院 | Hospitalized | 입원하다 |

taam³ beng⁶ **探病**	diu³ yim⁴ söü² **吊鹽水**	sü¹ hüt³ **輸血**
tàn bìng 探病	dǎ diǎn dī / dǎ diào píng 打点滴 / 打吊瓶	shū xiě 输血
Visit a patient	Drip / Intravenous therapy	Blood transfusion
병문안을 가다	링거를 맞다	수혈, 수혈하다

chöt¹ yün²
出院

chū yuàn
出院

Hospital discharge

퇴원하다

| yök⁶ ban²
藥品 | yào pǐn
药品 | Medicine | 약 |

| gaau¹ nong⁴
膠囊

jiāo náng
胶囊

Capsule

캡슐 | kat¹ yök⁶ söü²
咳藥水

zhǐ ké yào shuǐ / zhǐ ké táng jiāng
止咳药水 / 止咳糖浆

Cough medicine

기침약 | köü¹ fung¹ yau⁴
驅風油

qū fēng yóu
驱风油

Medical oil / Pain relieving aromatic oil

의료용 기름 |

| siu¹ duk⁶ yök⁶ söü²
消毒藥水

xiāo dú shuǐ
消毒水

Antiseptic solution

소독수 | ngaan⁵ yök⁶ söü²
眼藥水

yǎn yào shuǐ
眼药水

Eye drop

안약 | taam³ yit⁶ zham¹
探熱針

tǐ wēn jì
体温计

Thermometer

온도계 |

| baak⁶ fa¹ yau⁴
白花油 | bái huā yóu
白花油 | White flower embrocation | 백화유 |

wan⁴ long⁶ yün²
暈浪丸

yùn chē yào
晕车药

Motion sickness medicine

멀미약

wai⁶ yök⁶
胃藥

wèi yào
胃药

Antacid / Anti-gas

위장약

zhi² (au² / ngau²) yök⁶
止嘔藥

zhǐ tù yào
止吐药

Antinausea medicine

진토제

töü³ siu¹ yök⁶
退燒藥

tuì shāo yào
退烧药

Antipyretics

해열제

chöng⁴ wai⁶ yök⁶
腸胃藥

cháng wèi yào
肠胃药

Antidiarrheals

지사제

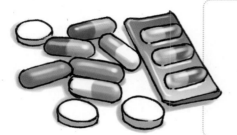

zhi² tung³ yök⁶
止痛藥

zhǐ tòng yào
止痛药

Painkiller

진통제

kong³ sang¹ sou³
抗生素

kàng shēng sù
抗生素

Antibiotics

항생제

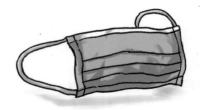

gaau¹ bou³
膠布

chuāng kě tiē
创可贴

Sticking plaster

밴드

hau² zhaau³
口罩

kǒu zhào
口罩

Mask

마스크

min⁴ fa¹
棉花

yī yòng mián qíu
医用棉球

Medical cotton

솜

sa¹ bou³
紗布

shā bù
纱布

Gauze

거즈

bang¹ daai²
繃帶

bēng dài
绷带

Bandage

붕대

laam⁴ / hung⁴ / wong⁴ yök⁶ söü²
藍 / 紅 / 黃藥水

lán / hóng / huáng yào shuǐ
蓝 / 红 / 黄药水

Gentian violet / Mercurochrome / Acrinol Solution

소독약(파란색, 빨간색, 노란색)

tai⁴ fun² gei¹ **提款機 / ATM**	zì dòng tí kuǎn jī 自动提款机	ATM	현금인출기

da² bou²
打簿

cún zhé jì zhàng / dǎ cún zhé
存折记帐 / 打存折

Update a passbook

통장 정리

chün⁴ zhip³ / hung⁴ bou² zhai²
存摺 / 紅簿仔

cún zhé
存折

Passbook

통장

gam⁶ chin²
撳錢

tí kuǎn
提款

Withdraw money at ATM

(ATM에서)돈을 찾다

chöng³ chin²
唱錢

huàn qián
换钱

Change money

잔돈으로 바꾸다

lo² chin²
攞錢

tí kuǎn
提款

Withdraw money at the bank

(은행에서) 출금하다

gwai⁶ wai² **櫃位**	guì tái 柜台	Counter	카운터, 창구

zhi¹ piu³
支票

zhī piào
支票

Cheque

수표

yin⁶ gam¹ **現金**	xiàn jīn 现金	Cash	현금
chü⁵ chuk¹ wu⁶ hau² **儲蓄戶口**	chǔ xù zhàng hù 储蓄账户	Savings account	저축예금 계좌
zhi¹ piu³ wu⁶ hau² **支票戶口**	zhī piào zhàng hù 支票账户	Checking account	당좌예금 계좌
ding⁶ kei⁴ **定期**	dìng qī 定期	Time deposit	정기예금
wui⁶ löt² **匯率**	huì lǜ 汇率	Exchange rate	환율
zhün² zhöng³ / gwo³ sou³ **轉賬 / 過數**	zhuǎn zhàng 转账	Transfer	송금하다
yap⁶ chin² **入錢**	cún kuǎn 存款	Deposit	입금하다

yi⁶ söü³ ban²
易碎品
yì suì pǐn
易碎品
Fragile articles
깨지기 쉬운 물건

baau¹ gwo²
包裹
bāo guǒ
包裹
Package
소포

yau⁴ piu³
郵票
yóu piào
邮票
Stamp
우표

ping⁴ yau⁴
平郵
píng yóu
平邮
Surface mail
보통우편

hung¹ yau⁴
空郵
háng kōng yóu jì
航空邮寄
Airmail
항공우편

gwa³ hou⁶
掛號
guà hào
挂号
Registered mail
등기우편

chuk¹ dai⁶
速遞 / EMS
kuài dì
快递
Express delivery
택배

ming⁴ sön³ pin²
明信片
míng xìn piàn
明信片
Postcard
엽서

sau² yat⁶ fung¹
首日封
jì niàn yóu piào
纪念邮票
First Day Cover
기념 우표

Zhung¹ gwok³ 中國	Zhōng guó 中国	China	중국
Höng¹ gong² 香港	Xiāng gǎng 香港	Hong Kong	홍콩
Toi⁴ waan¹ 台灣	Tái wān 台湾	Taiwan	대만
Yat⁶ bun² 日本	Rì běn 日本	Japan	일본
Hon⁴ gwok³ 韓國	Hán guó 韩国	Korea	한국
San¹ ga³ bo¹ 新加坡	Xīn jiā pō 新加坡	Singapore	싱가포르
Yüt⁶ naam⁴ 越南	Yuè nán 越南	Vietnam	베트남
Taai³ gwok³ 泰國	Tài guó 泰国	Thailand	태국
Ou³ zhau¹ 澳洲	Ào zhōu 澳洲	Australia	호주
Mei⁵ gwok³ 美國	Měi guó 美国	USA	미국
Ying¹ gwok³ 英國	Yīng guó 英国	UK	영국
Faat³ gwok³ 法國	Fǎ guó 法国	France	프랑스
Dak¹ gwok³ 德國	Dé guó 德国	Germany	독일
Sai¹ baan¹ nga⁴ 西班牙	Xī bān yá 西班牙	Spain	스페인
Ga¹ na⁴ daai⁶ 加拿大	Jiā ná dà 加拿大	Canada	캐나다
Yi³ daai⁶ lei⁶ 意大利	Yì dà lì 意大利	Italy	이탈리아

lau⁴ hok⁶
留學
liú xué
留学
Studying abroad
유학, 유학하다

zhün³ gei¹
轉機
zhuǎn jī
转机
Transit flight
환승, 비행기를 갈아타다

dang¹ gei¹ zhaap⁶ hau²
登機閘口
dēng jī kǒu
登机口
Boarding gate
탑승구

gwun¹ gwong¹
觀光
guān guāng
观光
Sightseeing
관광하다

gei¹ piu³
機票
jī piào
机票
Air ticket
비행기표

hoi² gwaan¹
海關
hǎi guān
海关
Customs
세관

dang¹ gei¹ zhing³
登機證
dēng jī pái
登机牌
Boarding pass
탑승권

yap⁶ ging² biu² gaak³
入境表格
rù jìng biǎo gé
入境表格
Landing card
출입국카드

hoi² gwaan¹ san¹ bou³ biu²
海關申報表
hǎi guān shēn qǐng biǎo
海关申请表
Customs declaration form
세관 신고서

wu⁶ zhiu³
護照
hù zhào
护照
Passport
여권

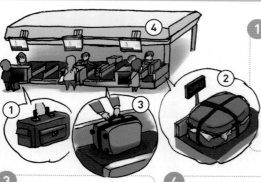

1

chöü⁴ san¹ hang⁴ lei⁵
隨身行李

suí shēn xíng li
随身行李

Hand-baggage

기내 반입 수하물

2

chiu¹ chung⁵
超重

chāo zhòng
超重

Overweight

중량 초과

3

tok³ wan⁶ hang⁴ lei⁵
托運行李

xíng li tuō yùn
行李托运

Check luggage

수하물을 맡기다

4

haak³ wan⁶ daai⁶ lau⁴
客運大樓

kè yùn dà lóu
客运大楼

Airport terminal

공항 터미널

yap⁶ ging² daai⁶ tong⁴
入境大堂

rù jìng dà táng
入境大堂

Arrival hall

입국 로비

min⁵ söü³ dim³
免稅店

miǎn shuì diàn
免税店

Duty free shop

면세점

lei⁴ ging² daai⁶ tong⁴
離境大堂

lí jìng dà táng
离境大堂

Departure hall

출국 로비

gei¹ chöng⁴ ba¹ si²
機場巴士

jī chǎng bā shì
机场巴士

Airport shuttle bus

공항 버스

hang⁴ lei⁵ tai⁴ chöü² chü³
行李提取處

xíng li tí qǔ chù
行李提取处

Baggage claim

수하물 찾는 곳

hang⁴ lei⁵ / gip¹
行李 / 唸

xíng li
行李

Luggage

수하물

daai⁶ tong⁴	dà táng / dà tīng	Lobby	로비
大堂	大堂 / 大厅		

1

biu¹ zhön² fong²
標準房

biāo zhǔn fáng / jiān
标准房 / 间

Standard room

일반실

2

haak³ fong²
客房

kè fáng
客房

Guest room

객실

3

daan¹ yan⁴ fong²
單人房

dān rén fáng / jiān
单人房 / 间

Single room

1인실

4

söng¹ yan⁴ fong²
雙人房

shuāng rén fáng / jiān
双人房 / 间

Double room

2인실

5

yap⁶ zhü⁶
入住 / Check in

rù zhù
入住

Check in

체크인

6

töü³ fong²
退房 / Check out

tuì fáng
退房

Check out

체크아웃

7

zhip³ doi⁶ chü³
接待處

zǒng fú wù tái / zǒng tái / jiē dài chù
总服务台 / 总台 / 接待处

Reception counter

리셉션, 프런트

8

sön¹ man⁶ chü³
詢問處

zī xún tái / xún wèn chù
咨询台 / 询问处

Information counter

안내 데스크

| tou³ fong²
套房 | tào fáng
套房 | Suite | 스위트룸 |

| chaan¹ (gün³ / hün³)
餐券 | cān quàn
餐券 | Meal coupon | 식사 쿠폰 |

yü⁶ deng⁶
預訂

yù dìng
预订

Reservation

예약하다

baau¹ zhou² chaan¹
包早餐

bāo zǎo cān
包早餐

Include breakfast

아침 포함

söng¹ mou⁶ zhung¹ sam¹
商務中心

shāng wù zhōng xīn
商务中心

Business center

비지니스 센터

yin³ wui⁶ teng¹
宴會廳

yàn huì tīng
宴会厅

Banquet room

예식장

tong³ saam¹
（熨 / 燙）衫

yùn yī fu
熨衣服

Ironing

다림질

sai² yi¹ fuk⁶ mou⁶
洗衣服務

xǐ yī fú wù
洗衣服务

Laundry service

세탁 서비스

Yat⁶ yün⁴ / Yen

日圓 / 円

Rì yuán

日元

Japanese Yen

엔

San¹ toi⁴ bai⁶

新台幣

Xīn tái bì

新台币

New Taiwan Dollar

대만 달러

Yan⁴ man⁴ bai⁶

人民幣

Rén mín bì

人民币

Renminbi

인민폐

Gong² bai⁶

港幣

Gǎng bì

港币

Hong Kong Dollar

홍콩 달러

Mei⁵ yün⁴

美元

Měi yuán

美元

Unites States Dollar

미국 달러

Hon⁴ yün⁴ / Won

韓元 / 圜

Hán bì

韩币

South Korean Won

원

(Au¹ / Ngau¹) yün⁴

歐元

Ōu yuán

欧元

Euro

유로

Ying¹ bong²

英鎊

Yīng bàng

英镑

Pound Sterling

파운드

A	Chöng⁴ zhau¹	長洲	Cháng zhōu	长洲	Cheung Chau	청차우
B	Naam⁴ a¹ dou²	南丫島	Nán yā dǎo	南丫岛	Lamma Island	라마섬
C	Ping⁴ zhau¹	坪洲	Píng zhōu	坪洲	Peng Chau	펭차우
D	Pou⁴ toi⁴ dou²	蒲台島	Pú tái dǎo	蒲台岛	Po Toi Island	포토이섬
E	Dung¹ lung⁴ dou²	東龍島	Dōng lóng dǎo	东龙岛	Tung Lung Island	둥룽섬
F	Hei² ling⁴ zhau¹	喜靈洲	Xǐ líng zhōu	喜灵洲	Hei Ling Chau	헤이링차우

San¹ gaai³	新界	Xīn jiè	新界	New Territories	신계
1 Lei⁴ dou² köü¹	離島區	Lí dǎo qū	离岛区	Islands District	리다오구
2 Kwai⁴ ching¹ köü¹	葵青區	Kuí qīng qū	葵青区	Kwai Tsing District	쿠이칭구
3 Bak¹ köü¹	北區	Běi qū	北区	North District	베이구
4 Sai¹ gung³ köü¹	西貢區	Xī gòng qū	西贡区	Sai Kung District	사이쿵구
5 Sa¹ tin⁴ köü¹	沙田區	Shā tián qū	沙田区	Shatin District	사톈구
6 Daai⁶ bou³ köü¹	大埔區	Dà bù qū	大埔区	Tai Po District	타이포구
7 Chün⁴ waan¹ köü¹	荃灣區	Quán wān qū	荃湾区	Tsuen Wan District	취안완구
8 Tün⁴ mun⁴ köü¹	屯門區	Tún mén qū	屯门区	Tuen Mun District	툰먼구
9 Yün⁴ long⁵ köü¹	元朗區	Yuán lǎng qū	元朗区	Yuen Long District	위안랑구

Gau² lung⁴	九龍	Jiǔ lóng	九龙	Kowloon	카우룽
10 Gau² lung⁴ sing⁴ köü¹	九龍城區	Jiǔ lóng chéng qū	九龙城区	Kowloon City District	카우룽시티구
11 Gwun¹ tong⁴ köü¹	觀塘區	Guān táng qū	观塘区	Kwun Tong District	관탕구
12 Sam¹ söü² bou² köü¹	深水埗區	Shēn shuǐ bù qū	深水埗区	Sham Shui Po District	삼수이포구
13 Wong⁴ daai⁶ sin¹ köü¹	黃大仙區	Huáng dà xiān qū	黄大仙区	Wong Tai Sin District	웡타이신구
14 Yau⁴ zhim¹ wong⁶ köü¹	油尖旺區	Yóu jiān wàng qū	油尖旺区	Yau Tsim Mong District	야침몽지구

Höng¹ gong²	香港	Xiāng gǎng	香港	Hong Kong Island	홍콩
15 Zhung¹ sai¹ köü¹	中西區	Zhōng xī qū	中西区	Central and Western District	중시구
16 Dung¹ köü¹	東區	Dōng qū	东区	Eastern District	둥구
17 Naam⁴ köü¹	南區	Nán qū	南区	Southern District	난구
18 Waan¹ zhai² köü¹	灣仔區	Wān zǎi qū	湾仔区	Wan Chai District	완차이구

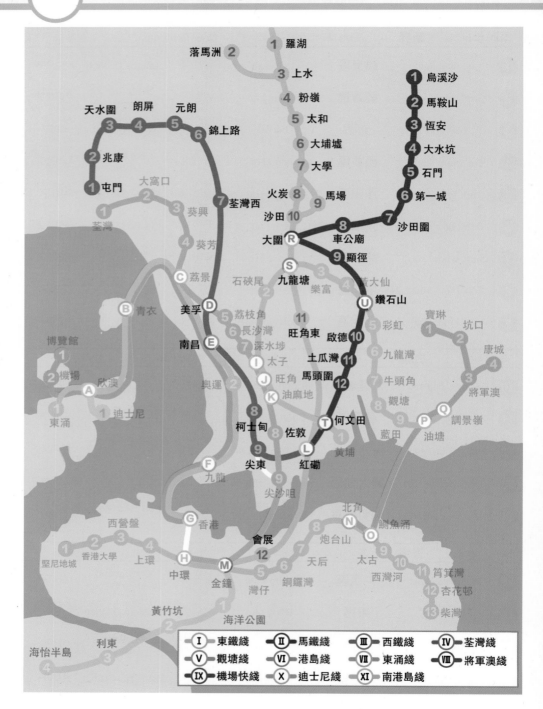

I　Dung¹ tit³ sin³　Dōng tiě xiàn　East Rail Line

❶	Lo⁴ wu⁴	Luó hú	Lo Wu	로우
❷	Lok⁶ ma⁵ zhau¹	Luò mǎ zhōu	Lok Ma Chau	록마차우
❸	Söng⁶ söü²	Shàng shuǐ	Sheung Shui	성수이
❹	Fan² leng⁵	Fěn lǐng	Fanling	판링
❺	Taai³ wo⁴	Tài hé	Tai Wo	타이오
❻	Daai⁶ bou³ höü¹	Dà bù xū	Tai Po Market	타이포 마켓
❼	Daai⁶ hok⁶	Dà xué	University	유니버시티
❽	Fo² taan³	Huǒ tàn	Fo Tan	포탄
❾	Ma⁵ chöng⁴	Mǎ chǎng	Racecourse	레이스코스
❿	Sa¹ tin⁴	Shā tián	Sha Tin	샤틴
Ⓡ	Daai⁶ wai⁴	Dà wéi	Tai Wai	타이와이
Ⓢ	Gau² lung⁴ tong⁴	Jiǔ lóng táng	Kowloon Tong	카우룽통
⓫	Wong⁶ gok⁶ dung¹	Wàng jiǎo dōng	Mong Kok East	몽콕 이스트
Ⓛ	Hung⁴ ham³	Hóng kàn	Hung Hom	홍함
⓬	Wui⁶ zhin²	Huì zhǎn	Exhibition	전시장
Ⓜ	Gam¹ zhung¹	Jīn zhōng	Admiralty	애드미럴티

II　Ma⁵ on¹ saan¹ sin³　Mǎ ān shān xiàn　Ma On Shan Line

❶	Wu¹ kai¹ sa¹	Wū xī shā	Wu Kai Sha	우카이샤
❷	Ma⁵ on¹ saan¹	Mǎ ān shān	Ma On Shan	마온산
❸	Hang⁴ on¹	Héng ān	Heng On	헹온
❹	Daai⁶ söü² haang¹	Dà shuǐ kēng	Tai Shui Hang	타이수이항
❺	Sek⁶ mun⁴	Shí mén	Shek Mun	섹문
❻	Dai⁶ yat¹ sing⁴	Dì yī chéng	City One	시티원
❼	Sa¹ tin⁴ wai⁴	Shā tián wéi	Sha Tin Wai	샤틴와이
❽	Che¹ gung¹ miu²	Chē gōng miào	Che Kung Temple	처쿵템플
Ⓡ	Daai⁶ wai⁴	Dà wéi	Tai Wai	타이와이
❾	Hin² ging³	Xiǎn jìng	Hin Keng	힌겡
Ⓤ	Zhün³ sek⁶ saan¹	Zuàn shí shān	Diamond Hill	다이아몬드힐
❿	Kai² dak¹	Qǐ dé	Kai Tak	카이탁
⓫	Tou² gwa¹ waan⁴	Tǔ guā wān	To Kwa Wan	토가완
⓬	Ma⁵ tau⁴ wai⁴	Mǎ tóu wéi	Ma Tau Wai	마타우와이
Ⓣ	Ho⁴ man⁴ tin⁴	Hé wén tián	Ho Man Tin	호만틴
Ⓛ	Hung⁴ ham³	Hóng kàn	Hung Hom	홍함

III　Sai¹ tit³ sin³　Xī tiě xiàn　West Rail Line

❶	Tün⁴ mun⁴	Tún mén	Tuen Mun	튜엔문
❷	Siu⁶ hong¹	Zhào kāng	Siu Hong	시우홍
❸	Tin¹ söü² wai⁴	Tiān shuǐ wéi	Tin Shui Wai	틴수이와이
❹	Long⁵ ping⁴	Lǎng píng	Long Ping	롱핑
❺	Yün⁴ long⁵	Yuán lǎng	Yuen Long	유앤롱
❻	Gam² söng⁶ lou⁶	Jǐn shàng lù	Kam Sheung Road	감성로드
❼	Chün⁴ waan¹ sai¹	Quán wān xī	Tsuen Wan West	천완 웨스트
Ⓓ	Mei⁵ fu¹	Měi fú	Mei Foo	메이푸
Ⓔ	Naam⁴ chöng¹	Nán chāng	Nam Cheong	남청
❽	O¹ si⁶ din¹	Kē shì diān	Austin	오스틴
❾	Zhim¹ dung¹	Jiān dōng	East Tsim Sha Tsui	이스트 침사추이
Ⓛ	Hung⁴ ham³	Hóng kàn	Hung Hom	홍함

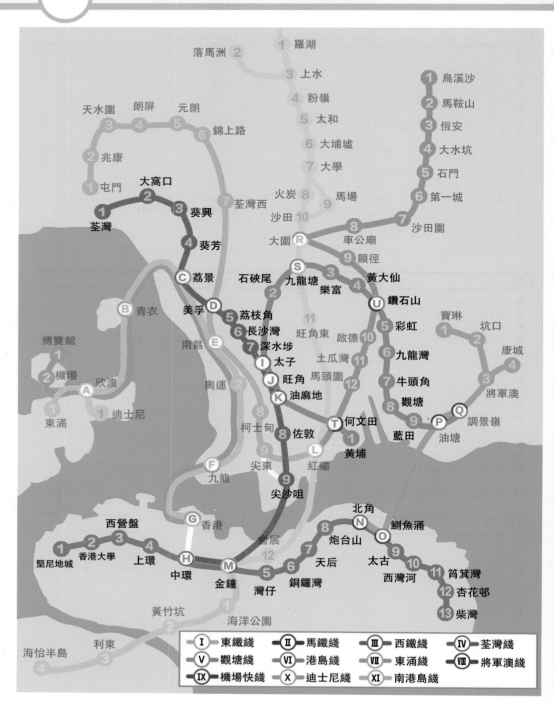

IV — Chün⁴ waan¹ sin³ Quán wān xiàn **Tsuen Wan Line**

❶	Chün⁴ waan¹	Quán wān	Tsuen Wan	췬완
❷	Daai⁶ wo¹ hau²	Dà wō kǒu	Tai Wo Hau	타이워하우
❸	Kwai⁴ hing¹	Kuí xīng	Kwai Hing	콰이힝
❹	Kwai⁴ fong¹	Kuí fāng	Kwai Fong	콰이퐁
Ⓒ	Lai⁶ ging²	Lì jǐng	Lai King	콰이킹
Ⓓ	Mei⁵ fu¹	Měi fú	Mei Foo	메이푸
❺	Lai⁶ zhi¹ gok³	Lì zhī jiǎo	Lai Chi Kok	라이치콕
❻	Chöng¹ sa¹ waan⁴	Cháng shā wān	Cheung Sha Wan	청사완
❼	Sam¹ söü² bou²	Shēn shuǐ bù	Sham Shui Po	쌈수이포
Ⓘ	Taai³ zhi²	Tài zǐ	Prince Edward	프린스 에드워드
Ⓙ	Wong⁶ gok³	Wàng jiǎo	Mong Kok	몽콕
Ⓚ	Yau⁴ ma⁴ dei²	Yóu má dì	Yau Ma Tei	야우마테이
❽	Zho² dön¹	Zuǒ dūn	Jordan	조던
❾	Zhim¹ sa¹ zhöü²	Jiān shā zuǐ	Tsim Sha Tsui	침사추이
Ⓜ	Gam¹ zhung¹	Jīn zhōng	Admiralty	애드미럴티
Ⓗ	Zhung¹ waan⁴	Zhōng huán	Central	센트럴

V — Gwun¹ tong⁴ sin³ Guān táng xiàn **Kwun Tong Line**

❶	Wong⁴ bou³	Huáng pǔ	Whampoa	왐포아
Ⓣ	Ho⁴ man⁴ tin⁴	Hé wén tián	Ho Man Tin	호만틴
Ⓚ	Yau⁴ ma⁴ dei²	Yóu má dì	Yau Ma Tei	야우마테이
Ⓙ	Wong⁶ gok³	Wàng jiǎo	Mong Kok	몽콕
Ⓘ	Taai³ zhi²	Tài zǐ	Prince Edward	프린스 에드워드
❷	Sek⁶ gip³ mei⁵	Shí xiá wěi	Shek Kip Mei	섹킵메이
Ⓢ	Gau² lung⁴ tong⁴	Jiǔ lóng táng	Kowloon Tong	카우룽통
❸	Lok⁶ fu³	Lè fù	Lok Fu	록푸
❹	Wong⁴ daai⁶ sin¹	Huáng dà xiān	Wong Tai Sin	왕타이신
Ⓤ	Zhün⁴ sek⁶ saan¹	Zuàn shí shān	Diamond Hill	다이아몬드힐
❺	Choi² hung⁴	Cǎi hóng	Choi Hung	초이훙
❻	Gau² lung⁴ waan¹	Jiǔ lóng wān	Kowloon Bay	카우룽베이
❼	Ngau⁴ tau⁴ gok³	Niú tóu jiǎo	Ngau Tau Kok	응아우토콕
❽	Gwun¹ tong⁴	Guān táng	Kwun Tong	쿤통
❾	Laam⁴ tin⁴	Lán tián	Lam Tin	람틴
Ⓟ	Yau⁴ tong⁴	Yóu táng	Yau Tong	야우통
Ⓠ	Tiu⁴ ging² leng⁵	Tiáo jǐng lǐng	Tiu Keng Leng	티우켕렝

VI — Gong² dou² sin³ Gǎng dǎo xiàn **Island Line**

❶	Gin¹ nei⁴ dei⁶ sing⁴	Jiān ní dì chéng	Kennedy Town	케네디 타운
❷	Höng¹ gong¹ daai⁶ hok⁶	Xiāng gǎng dà xué	HKU	홍콩대학교
❸	Sai¹ ying⁴ pun⁴	Xī yíng pán	Sai Ying Pun	사잉푼
❹	Söng⁶ waan⁴	Shàng huán	Sheung Wan	성완
Ⓗ	Zhung¹ waan⁴	Zhōng huán	Central	센트럴
Ⓜ	Gam¹ zhung¹	Jīn zhōng	Admiralty	애드미럴티
❺	Waan¹ zhai²	Wān zǎi	Wan Chai	완차이
❻	Tung⁴ lo⁴ waan¹	Tóng luó wān	Causeway Bay	코즈웨이베이
❼	Tin¹ hou⁶	Tiān hòu	Tin Hau	틴하우
❽	Paau³ toi⁴ saan¹	Pào tái shān	Fortress Hill	포트리스힐
Ⓝ	Bak¹ gok³	Běi jiǎo	North Point	노스포인트
Ⓞ	Zhak¹ yü⁴ chung¹	Zéi yú chōng	Quarry Bay	쿼리베이
❾	Taai³ gwu²	Tài gǔ	Tai Koo	타이쿠
❿	Sai¹ waan¹ ho²	Xī wān hé	Sai Wan Ho	사이완호
⑪	Saau¹ gei¹ waan¹	Shāo jǐ wān	Shau Kei Wan	샤우케이완
⑫	Hang⁶ fa¹ chün¹	Xìng huā cūn	Heng Fa Chuen	헝파췬
⑬	Chaai⁴ waan¹	Chái wān	Chai Wan	차이완

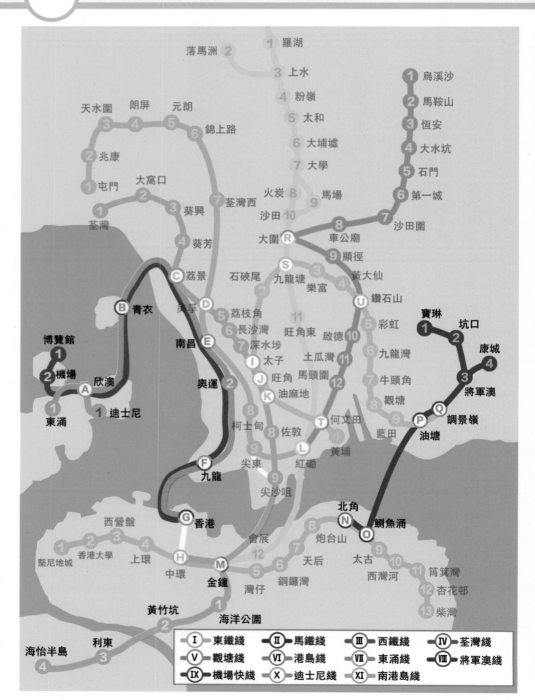

VII   Dung¹ chung¹ sin³   Dōng chōng xiàn   **Tung Chung Line**

① Dung¹ chung¹	Dōng chōng	Tung Chung	통총
Ⓐ Yan¹ ou³	Xīn ào	Sunny Bay	써니베이
Ⓑ Ching¹ yi¹	Qīng yī	Tsing Yi	칭이
Ⓒ Lai⁶ ging²	Lì jīng	Lai King	라이킹
Ⓔ Naam⁴ chöng¹	Nán chāng	Nam Cheong	남청
❷ Ou³ wan⁶	Ào yùn	Olympic	올림픽
Ⓕ Gau² lung⁴	Jiǔ lóng	Kowloon	카우룽
Ⓖ Höng¹ gong²	Xiāng gǎng	Hong Kong	홍콩

VIII   Zhöng¹ gwan¹ ou³ sin³   Jiāng jūn ào xiàn   **Tseung Kwan O Line**

① Bou² lam⁴	Bǎo lín	Po Lam	포람
❷ Haang¹ hau²	Kēng kǒu	Hang Hau	항하우
❸ Zhöng¹ gwan¹ ou³	Jiāng jūn ào	Tseung Kwan O	청관오
❹ Hong¹ sing⁴	Kāng chéng	LOHAS Park	로하스파크
Ⓠ Tiu⁴ ging² leng⁵	Tiáo jǐng lǐng	Tiu Keng Leng	티우켕렝
Ⓟ Yau⁴ tong⁴	Yóu táng	Yau Tong	야우통
Ⓞ Zhak¹ yü⁴ chung¹	Zéi yú chōng	Quarry Bay	쿼리베이
Ⓝ Bak¹ gok³	Běi jiǎo	North Point	노스포인트

IX   Gei¹ chöng⁴ faai³ sin³   Jī chǎng kuài xiàn   **Airport Express**

① Bok³ laam⁵ gwun²	Bó lǎn guǎn	AsiaWorld-Expo	아시아월드 엑스포
❷ Gei¹ chöng⁴	Jī chǎng	Airport	공항
Ⓑ Ching¹ yi¹	Qīng yī	Tsing Yi	칭이
Ⓕ Gau² lung⁴	Jiǔ lóng	Kowloon	카우룽
Ⓖ Höng¹ gong²	Xiāng gǎng	Hong Kong	홍콩

X   Dik⁶ si⁶ nei⁴ sin³   Dí shì ní xiàn   **Disneyland Line**

Ⓐ Yan¹ ou³	Xīn ào	Sunny Bay	써니베이
① Dik⁶ si⁶ nei⁴	Dí shì ní	Disneyland Resort	디즈니랜드 리조트

XI   Naam⁴ gong² dou² sin³   Nán gǎng dǎo xiàn   **South Island Line**

Ⓜ Gam¹ zhung¹	Jīn zhōng	Admiralty	애드미럴티
① Hoi² yöng⁴ gung¹ yün²	Hǎi yáng gōng yuán	Ocean Park	오션파크
❷ Wong⁴ zhuk¹ haang¹	Huáng zhú kēng	Wong Chuk Hang	웡척항
❸ Lei⁶ dung¹	Lì dōng	Lei Tung	레이통
❹ Hoi² yi⁴ bun³ dou²	Hǎi yí bàn dǎo	South Horizons	사우스 호라이즌

ngan⁴ hong⁴ 銀行	yín háng 銀行	Banks	은행
Höng¹ gong² söng⁶ hoi² wui⁶ fung¹ ngan⁴ hong⁴ **香港上海匯豐銀行**	Xiāng gǎng shàng hǎi huì fēng yín háng 香港上海汇丰银行	HSBC	홍콩 상해 은행
Hang⁴ sang¹ ngan⁴ hong⁴ **恆生銀行**	Héng shēng yín háng 恒生银行	Hang Seng Bank	항생 은행
Zha¹ da² ngan⁴ hong⁴ **渣打銀行**	Zhā dǎ yín háng 渣打银行	Standard Chartered Bank	스탠다드 차타드 은행
Zhung¹ gwok³ ngan⁴ hong⁴ **中國銀行**	Zhōng guó yín háng 中国银行	Bank of China	중국 은행
Sing¹ zhin² ngan⁴ hong⁴ **星展銀行**	Xīng zhǎn yín háng 星展银行	DBS Bank	성전 은행
Dung¹ a³ ngan⁴ hong⁴ **東亞銀行**	Dōng yà yín háng 东亚银行	Bank of East Asia	동아 은행
Naam⁴ (yöng² / yöng⁴) söng¹ yip⁶ ngan⁴ hong⁴ **南洋商業銀行**	Nán yáng shāng yè yín háng 南洋商业银行	Nanyang Commercial Bank	남양 상업 은행
Fa¹ kei⁴ ngan⁴ hong⁴ **花旗銀行**	Huā qí yín háng 花旗银行	Citibank	시티 은행
Gung¹ söng¹ ngan⁴ hong⁴ **工商銀行**	Gōng shāng yín háng 工商银行	Industrial and Commercial Bank	공상 은행
Gaau¹ tung¹ ngan⁴ hong⁴ **交通銀行**	Jiāo tōng yín háng 交通银行	Bank of Communications	교통 은행
Chong³ hing¹ ngan⁴ hong⁴ **創興銀行**	Chuàng xīng yín háng 创兴银行	Chong Hing Bank	창흥 은행
Zhung¹ gwok³ gin³ chit³ ngan⁴ hong⁴ (A³ zhau¹) **中國建設銀行（亞洲）**	Zhōng guó jiàn shè yín háng (Yà zhōu) 中国建设银行（亚洲）	China Construction Bank(Asia)	중국 건설 은행 (아시아)

zhau² dim³ 酒店	jiǔ diàn 酒店	Hotels	호텔
Bun³ dou² zhau² dim³ 半島酒店	Bàn dǎo jiǔ diàn 半岛酒店	The Peninsula Hong Kong	반도 호텔
Höng¹ gaak³ lei⁵ laai¹ zhau² dim³ 香格里拉酒店	Xiāng gé lǐ lā jiǔ diàn 香格里拉酒店	Kowloon Shangri-La	샹그릴라 호텔
Hoi² yüt⁶ zhau² dim³ 凱悅酒店	Kǎi yuè jiǔ diàn 凯悦酒店	Hyatt Regency Hong Kong	하얏트 리젠시 호텔
Long⁵ hou⁴ zhau² dim³ 朗豪酒店	lǎng háo jiǔ diàn 朗豪酒店	Langham Place Hotel Hong Kong	랭함 플레이스 호텔
Wong⁴ gam¹ hoi² ngon⁶ zhau² dim³ 黃金海岸酒店	Huáng jīn hǎi àn jiǔ diàn 黄金海岸酒店	Hong Kong Gold Coast Hotel	골드 코스트 호텔
Sing³ dei⁶ nga⁴ go¹ zhau² dim³ 聖地牙哥酒店	Shèng dì yá gē jiǔ diàn 圣地牙哥酒店	San Diego Hotel	샌디에이고 호텔
Lung⁴ bou² gwok³ zhai³ 龍堡國際	Lóng bǎo guó jì 龙堡国际	BP International	BP 인터내셔널
Fu³ hou⁴ gei¹ chöng⁴ zhau² dim³ 富豪機場酒店	Fù háo jī chǎng jiǔ diàn 富豪机场酒店	Regal Airport Hotel	리갈 에어포트 호텔
Ma⁵ ho² but⁶ lo⁴ zhau² dim³ 馬可孛羅酒店	Mǎ kě bó luó jiǔ diàn 马可勃罗酒店	Marco Polo Hong Kong Hotel	마르코 폴로 호텔
Mei⁵ lai⁶ wa⁴ zhau² dim³ 美麗華酒店	Měi lì huá jiǔ diàn 美丽华酒店	The Mira Hong Kong	더 미라 호텔
Zhau¹ zhai³ zhau² dim³ 洲際酒店	Zhōu jì jiǔ diàn 洲际酒店	Inter Continental Hong Kong	인터컨티넨탈 호텔
Gwan¹ yüt⁶ zhau² dim³ 君悅酒店	Jūn yuè jiǔ diàn 君悦酒店	Grand Hyatt Hong Kong	그랜드 하얏트 호텔
Sei³ gwai³ zhau² dim³ 四季酒店	Sì jì jiǔ diàn 四季酒店	Four Seasons Hotel Hong Kong	포시즌스 호텔

maai[5] zhoi[6] Höng[1] gong[2]

買在香港

홍콩에서
쇼핑하다

yat¹ hou⁴
一毫
yī jiǎo / yī máo
一角 / 一毛
Ten cents
10센트

löng⁵ hou⁴
兩毫
liǎng jiǎo / liǎng máo
两角 / 两毛
Twenty cents
20센트

ng⁵ hou⁴
五毫
wǔ jiǎo / wǔ máo
五角 / 五毛
Fifty cents
50센트

yat¹ man¹
一蚊
yī yuán / yī kuài
一元 / 一块
One dollar
1달러

löng⁵ man¹
兩蚊
liǎng yuán / liǎng kuài
两元 / 两块
Two dollars
2달러

ng⁵ man¹
五蚊
wǔ yuán / wǔ kuài
五元 / 五块
Five dollars
5달러

sap⁶ man¹ **十蚊**	shí yuán / shí kuài 十元 / 十块	Ten dollars	10달러

yi⁶ sap⁶ man¹ / ya⁶ man¹
二十蚊 / 廿蚊
èr shí yuán / èr shí kuài
二十元 / 二十块
Twenty dollars
20달러

ng⁵ sap⁶ man¹
五十蚊
wǔ shí yuán / wǔ shí kuài
五十元 / 五十块
Fifty dollars
50달러

yat¹ baak³ man¹
一百蚊
yī bǎi yuán / yī bǎi kuài
一百元 / 一百块
One hundred dollars
100달러

ng⁵ baak³ man¹
五百蚊
wǔ bǎi yuán / wǔ bǎi kuài
五百元 / 五百块
Five hundred dollars
500달러

yat¹ chin¹ man¹
一千蚊
yī qiān yuán / yī qiān kuài
一千元 / 一千块
One thousand dollars
1000달러

baat³ daat⁶ tung¹
八達通
bā dá tōng
八达通
Octopus card
옥터퍼스 카드(홍콩의 교통카드)

EPS
EPS
EPS
(Electronic Payment Services)
EPS(홍콩의 현금카드)

sön³ yung⁶ kaat¹
信用卡
xìn yòng kǎ
信用卡
Credit card
신용카드

hung⁴ sik¹
紅色
hóng sè
红色
Red
빨강색

sam¹~
深 ~
shēn~
深~
Deep~ / Dark~
짙은 ~색

fan² hung⁴ sik¹
粉紅色
fěn hóng sè
粉红色
Pink
분홍색, 핑크색

chin²~ (taam⁵~ / daam⁶~)
淺~ / 淡~
qiǎn~ / dàn~
浅~ / 淡~
Light~
연한 ~색

chaang² sik¹
橙色
chéng / jú huáng sè
橙 / 橘黃色
Orange
주황색

wong⁴ sik¹
黃色
huáng sè
黄色
Yellow
노란색

cheng¹ sik¹
青色
qīng sè
青色
Lime green
청색

luk⁶ sik¹
綠色
lǜ sè
绿色
Green
녹색

laam⁴ sik¹
藍色
lán sè
蓝色
Blue
파랑색

zhi² sik¹
紫色
zǐ sè
紫色
Purple
보라색

hak¹ sik¹
黑色
hēi sè
黑色
Black
검정색

baak⁶ sik¹
白色
bái sè
白色
White
흰색

fui¹ sik¹
灰色
huī sè
灰色
Grey
회색

gam¹ sik¹	ngan⁴ sik¹	fe¹ sik¹ / zhung¹ sik	gwu² tung⁴ sik¹	yuk⁶ sik¹
金色	銀色	啡色 / 棕色	古銅色	肉色
jīn sè	yín sè	kā fēi sè / zōng sè	gǔ tóng sè	ròu sè
金色	银色	咖啡色 / 棕色	古铜色	肉色
Gold	Silver	Brown	Bronze	Beige
금색	은색	갈색	고동색	살구색

ga¹ daai⁶ ma⁵	daai⁶ ma⁵	zhung¹ ma⁵	sai³ ma⁵	ga¹ sai³ ma⁵
加大碼	大碼	中碼	細碼	加細碼
jiā dà mǎ	dà mǎ	zhōng mǎ	xiǎo mǎ	jiā xiǎo mǎ
加大码	大码	中码	小码	加小码
XL size (Extra large size)	L size (Large size)	M size (Medium size)	S size (Small size)	XS size (Extra small size)
XL 사이즈	L 사이즈	M 사이즈	S 사이즈	XS 사이즈

yün⁴ leng⁵
圓領
yuán lǐng
圆领
Crew neck
라운드넥

zhön¹ leng⁵
樽領
gāo lǐng
高领
Turtleneck
터틀넥

leng⁵
V領
lǐng
V领
V-neck
브이넥

faan² leng⁵
反領
lì lǐng
立领
Upturned collar / Popped collar
폴로셔츠넥

söü³ fa¹
碎花
huā wén
花纹
Floral prints
꽃무늬

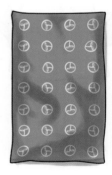

tou⁴ on³
圖案
tú àn
图案
pattern
무늬

gaak³ zhai²

格仔

gé zi

格子

Check

체크무늬

bo¹ dim²

波點

yuán diǎn

圆点

Dots

물방울무늬

gaan³ tiu² **間條**	tiáo wén 条纹	Stripes	줄무늬

waang⁴ tiu²
橫條

héng tiáo

橫条

Horizontal stripes

가로 줄무늬

zhik⁶ tiu²
直條

shù tiáo

竖条

Vertical stripes

세로 줄무늬

che³ tiu²
斜條

xié tiáo

斜条

Sloping stripes

대각선 줄무늬

| naam⁴ zhong¹
 男裝 | nán zhuāng
 男裝 | Men's Fashion | 남성복 |

| pei⁴ daai²
 皮帶
 pí dài
 皮带
 Belt
 벨트 | leng⁵ taai¹
 領呔
 lǐng dài
 领带
 Tie
 넥타이 |

| sai¹ zhong¹ / tou³ zhong¹
 西裝 / 套裝 | xī zhuāng / tào zhuāng
 西裝 / 套裝 | Suit | 슈트 |

| söt¹ saam¹
 恤衫
 chèn shān
 衬衫
 Shirt
 셔츠 | laang¹ saam¹
 冷衫
 máo yī
 毛衣
 Woolen sweater / Cardigan
 스웨터 |

tung⁴ zhong¹
童裝

tóng zhuāng
童裝

Children's Wear

아동복

fung¹ lau¹
風褸
fáng fēng wài tào / fēng yī
防风外套 / 风衣
Windbreaker
윈드브레이커, 바람막이

wan⁶ dung⁶ saam¹
運動衫
yùn dòng fú / yùn dòng yī
运动服 / 运动衣
Sweatshirt
운동복

wan⁶ dung⁶ fu³
運動褲
yùn dòng kù
运动裤
Sport trousers
트레이닝 바지

haau⁶ fuk⁶
校服
zhì fú / xiào fú
制服 / 校服
School uniform
교복

geng² gan¹
頸巾
wéi jīn
围巾
Scarf
목도리

mou²
帽
mào zi
帽子
Cap / Hat
모자

| nöü⁵ zhong¹ 女裝 | nǚ zhuāng 女装 | Ladies' Fashion | 여성복 |

si ¹ gan¹
絲巾
sī jīn
丝巾
Silk scarf
스카프

söü⁶ yi¹
睡衣
shuì yī
睡衣
Pajamas
잠옷

pei¹ gin¹
披肩
pī jiān
披肩
Shawl
숄

mai⁴ nei⁵ kwan⁴
迷你裙
mí nǐ qún
迷你裙
Miniskirt
미니스커트

wing⁶ yi¹
泳衣
yóu yǒng yī
游泳衣
Swimsuit
수영복

| zham¹ zhik¹ saam¹ 針織衫 | zhēn zhī shān 针织衫 | Knitwear | 니트 |

lau[1]
褸
dà yī
大衣
Coat
코트

maan[5] lai[5] fuk[6]
晚禮服
wǎn lǐ fú
晚礼服
Evening dress
이브닝 드레스

lin[4] san[1] kwan[4]
連身裙
lián yī qún
连衣裙
One-piece dress
원피스

noi[6] yi[1] / dai[2] saam[1]
內衣 / 底衫
nèi yī
内衣
Underwear
속옷

noi[6] fu[3] / dai[2] fu[3]
內褲 / 底褲
nèi kù
内裤
Underpants / Panties
팬티

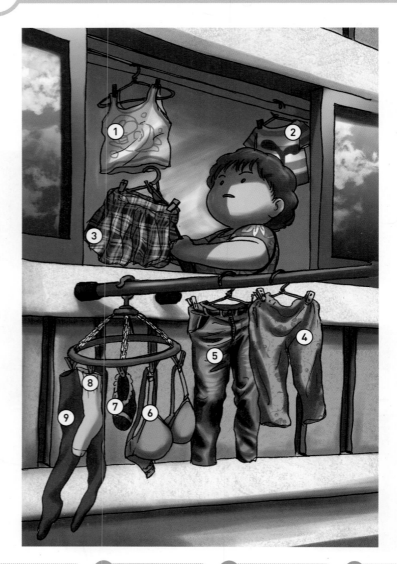

1	2	3	4
bui³ sam¹	söt¹	kwan⁴	fu³
背心	**T恤**	**裙**	**褲**
bèi xīn	xù (shān)	qún zi	kù zi
背心	T恤（衫）	裙子	裤子
Sleeveless shirt	T-shirt	Skirt	Trousers / Shorts
조끼	티셔츠	치마	바지

5
ngau⁴ zhai² fu³
牛仔褲
niú zǎi kù
牛仔裤
Jeans
청바지

6
hung¹ wai⁴
胸圍 / Bra
xiōng zhào / rǔ zhào
胸罩 / 乳罩
Brassiere
브래지어

7
sün⁴ mat⁶
船襪
chuán wà
船袜
Low-cut socks
짧은 양말

8
mat⁶
襪
wà zi
袜子
Socks
양말

9
si¹ mat⁶
絲襪
sī wà
丝袜
Stockings
스타킹

ma¹ yin¹ tung¹
孖煙通
píng jiǎo duǎn kù
平角短裤
Boxer shorts
사각팬티

kei⁴ pou²
旗袍
qí páo
旗袍
Qi Pao / Mandarin gown
치파오

yü⁵ yi¹
雨衣
yǔ yī
雨衣
Raincoat
비옷

yü⁵ yung²
羽絨
yǔ róng fú
羽绒服
Down jacket
다운 재킷

zhai³ fuk⁶
制服
zhì fú
制服
Uniform
유니폼

min⁴ naap⁶
棉衲
mián yī / mián ǎo
棉衣 / 棉袄
Chinese cotton-padded jacket
목화재킷

yiu¹ baau¹
腰包
yāo bāo
腰包
Bumbag
웨이스트 파우치

bui³ nong⁴
背囊
shuāng jiān bāo / bēi bāo
双肩包 / 背包
Backpack
배낭

sü¹ baau¹
書包
shū bāo
书包
School bag
책가방

sau² waan⁵ doi²
手挽袋
shǒu tí bāo
手提包
Hand bag
핸드백

saan² zhi² baau¹
散紙包
líng qián bāo
零钱包
Change purse
동전 지갑

zhak¹ me¹ doi²
側孭袋
dān jiān bāo
单肩包
Shoulder bag
숄더백

ngan⁴ baau¹
銀包
qián bāo
钱包
Wallet
지갑

che³ me¹ doi²
斜孭袋
xié kuà bāo
斜挎包
Messenger bag
메신저백

gaau¹ doi²
膠袋
sù liào dài
塑料袋
Plastic bag
비닐봉지

zhi² doi²
紙袋
zhǐ dài
纸袋
Paper bag
종이봉투

waan⁴ bou² doi²
環保袋
huán bǎo dài
环保袋
Reusable bag
재활용백

gung¹ si⁶ baau¹
公事包
gōng wén bāo
公文包
Briefcase
서류 가방

1
hö¹
靴 / Boot
xuē zi
靴子
Boots
부츠

2
löng⁴ haai⁴
涼鞋
liáng xié
涼鞋
Sandals
샌들

3
gou¹ zhaang¹ haai⁴
高踭鞋
gāo gēn xié
高跟鞋
High heels
하이힐

4
bou³ haai⁴
布鞋
bù xié
布鞋
Sneakers
스니커즈

5
söü² haai⁴
水鞋
yǔ xié / yǔ xuē
雨鞋 / 雨靴
Rain boots
장화

6
to¹ haai²
拖鞋
tuō xié
拖鞋
Slippers
슬리퍼

7
bo¹ haai⁴
波鞋
yùn dòng xié / qiú xié
运动鞋 / 球鞋
Sport shoes
운동화

8
yan⁴ zhi⁶ to¹
人字拖
rén zì tuō
人字拖
Flip-flops
플립플랍

9
ping⁴ dai² haai⁴
平底鞋
píng dǐ xié
平底鞋
Flats
플랫슈즈

10
pei⁴ haai⁴
皮鞋
pí xié
皮鞋
Leather shoes
구두

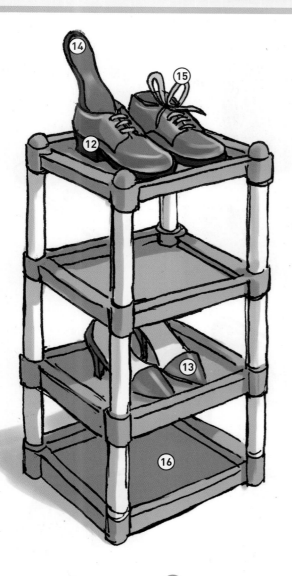

11 haai⁴ gwai⁶

鞋櫃

xié guì
鞋柜

Shoe cabinet

신발장(캐비닛식)

12 hau⁵ dai² haai⁴

厚底鞋

hòu dǐ xié
厚底鞋

Platform shoes

통굽 슈즈

13 zhim¹ (tau² / tau⁴) haai⁴

尖頭鞋

jiān tóu xié
尖头鞋

Pointed toe shoes

뾰족한 구두

14 haai⁴ zhin³

鞋墊

xié diàn
鞋垫

Insole

깔창

15 haai⁴ daai²

鞋帶

xié dài
鞋带

Shoelace

신발끈

16 haai⁴ ga²

鞋架

xié jià
鞋架

Shoe rack

신발장(타워식)

din⁶ si⁶ (gei¹)
電視 (機)
diàn shì jī
电视机
Television
텔레비전

yiu⁴ hung³ hei³
遙控器
yáo kòng qì
遥控器
Remote control
리모콘

yam¹ höng²
音響
yīn xiǎng
音响
Stereo sets
음향기기

din⁶ zhai³
電掣
diàn kāi guān
电开关
Switch
전기 스위치

din⁶ chi⁴
電池
diàn chí
电池
Battery
배터리

mai¹
咪
mài kè fēng
麦克风
Microphone
마이크

luk⁶ yam¹ bat¹
錄音筆
lù yīn bǐ
录音笔
Voice recorder
녹음기

sau¹ yam¹ gei¹
收音機
shōu yīn jī
收音机
Radio
라디오

sou³ ma⁵ söng² gei¹
數碼相機 / DC
shù mǎ xiàng jī
数码相机
Digital camera
디지털 카메라

sau² tai⁴ sip³ luk⁶ gei¹
手提攝錄機 / DV
shè yǐng jī
摄影机
Camcorder /
Video camera recorder
비디오 카메라

kap¹ chan⁴ gei¹
吸塵機
xī chén qì
吸尘器
Vacuum cleaner
청소기

to¹ baan²
拖板
cháng xiàn chā zuò
长线插座
Extention socket
멀티탭

cha¹ din⁶ hei³
叉電器
chōng diàn qì
充电器
Charger
충전기

chün⁴ zhan¹ gei¹ / Fax gei¹
傳真機 / Fax機
chuán zhēn jī / Fax jī
传真机 / Fax 机
Fax machine
팩스기

din⁶ wa²
電話
diàn huà
电话
Telephone
전화기

sau² tai⁴ din⁶ wa²
手提電話
shǒu jī
手机
Mobile phone
휴대 전화

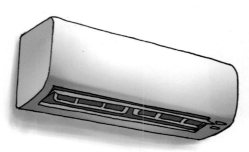

naau⁶ zhung¹
鬧鐘
nào zhōng
闹钟
Alarm clock
알람 시계

laang⁵ hei³ (gei¹)
冷氣（機）
kōng tiáo
空调
Air conditioner
에어컨

fung¹ sin³
風扇
diàn fēng shàn
电风扇
Fan
선풍기

gwong¹ gwun²
光管
rì guāng dēng
日光灯
Fluorescent tube
형광등

din⁶ nün⁵ lou⁴
電暖爐
diàn nuǎn qì
电暖气
Heater
난방기, 히터

chau¹ sap¹ gei¹
抽濕機
chōu shī jī
抽湿机
Dehumidifier
제습기

fung¹ tung²
風筒
chuī fēng jī
吹风机
Hair dryer
헤어드라이어

sou¹ paau²
鬚刨
tì xū dāo
剃须刀
Electronic razor
전기면도기

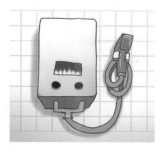

| yit⁶ söü² lou⁴ 熱水爐 | rè shuǐ qì 热水器 | Water heater | 온수기, 보일러 |

sai² yi¹ gei¹
洗衣機
xǐ yī jī
洗衣机
Washing machine
세탁기

gon¹ yi¹ gei¹
乾衣機
hōng gān jī
烘干机
Clothes dryer
건조기

tong³ dau²
（熨／燙）斗
diàn yùn dǒu
电熨斗
Iron
다리미

chau¹ yau⁴ yin¹ gei¹
抽油煙機
chōu yóu yān jī
抽油烟机
Kitchen ventilator
환풍기

mui⁴ hei³ lou⁴
煤氣爐
méi qì zào
煤气灶
Gas stove
가스렌지

süt³ gwai⁶
雪櫃
bīng xiāng
冰箱
Refrigerator
냉장고

mei⁴ bo¹ lou⁴
微波爐
wēi bō lú
微波炉
Microwave oven
전자레인지

guk⁶ lou⁴
焗爐
kǎo xiāng
烤箱
Oven
오븐

din⁶ faan⁶ bou¹
電飯煲
diàn fàn guō
电饭锅
Rice cooker
전기밥솥

din⁶ chi⁴ lou⁴
電磁爐
diàn cí lú
电磁炉
Induction cooktop
인덕션 쿠커

zha³ zhap¹ gei¹
榨汁機
zhà zhī jī
榨汁机
Juicer
믹서기

ga³ fe¹ wu²
咖啡壺
kā fēi hú
咖啡壶
Coffee pot / Coffee server
커피 포트

din⁶ yit⁶ söü² wu²
電熱水壺
diàn rè shuǐ hú
电热水壶
Electrical kettle
전기 주전자

do¹ si² lou⁴
多士爐
kǎo miàn bāo jī
烤面包机
Toaster
토스터

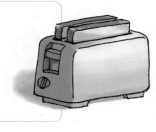

| din⁶ nou⁵
電腦 | diàn nǎo
电脑 | Computer | 컴퓨터 |

gin⁶ pun²
鍵盤 / Keyboard
jiàn pán
键盘
Keyboard
키보드

din⁶ nou⁵ ying⁴ mok⁶
電腦螢幕 / Mon
diàn nǎo píng mù / yíng guāng píng
电脑屏幕 / 荧光屏
Monitor
모니터

waat⁶ sü²
滑鼠 / Mouse
shǔ biāo
鼠标
Mouse
마우스

yi⁵ tung²
耳筒
ěr jī
耳机
Earphone
이어폰

| sau² zhi²
手指 / USB | yōu pán
优盘 / USB | USB flash drive | 유에스비 |

da² yan³ gei¹
打印機 / Printer
dǎ yìn jī
打印机
Printer
프린터

din⁶ zhi² chi⁴ din²
電子辭典
diàn zǐ cí diǎn
电子词典
Electronic dictionary
전자사전

sau² tai⁴ din⁶ nou⁵
手提電腦 / Notebook
bǐ jì běn diàn nǎo / shǒu tí diàn nǎo
笔记本电脑 / 手提电脑
Notebook computer
노트북

| ga¹ göü¹ ching¹ git³ yung⁶ ban² | jiā jū qīng jié yòng pǐn | Household cleaning products | 가정용 청소용품 |
| **家居清潔用品** | 家居清洁用品 | | |

lou⁴ gung¹ sau² tou³
勞工手套
láo gōng shǒu tào
劳工手套
Labor gloves
목장갑

gaau¹ sau² tou³
膠手套
rǔ jiāo / xiàng jiāo shǒu tào
乳胶 / 橡胶手套
Rubber gloves
고무장갑

laap⁶ saap³ chaan²
垃圾鏟
lā jī chǎn / cuō zi
垃圾铲 / 撮子
Dustpan
쓰레받기

chi³ so² bam¹
厠所泵
mǎ tǒng chuāi zi
马桶搋子
Toilet pump
뚫어뻥

baau¹ yü⁴ chaat²
鮑魚刷
cè suǒ / zōng máo shuā
厕所 / 棕毛刷
Toilet brush
변기솔

laap⁶ saap³ doi²
垃圾袋
lā jī dài
垃圾袋
Garbage bag
쓰레기 봉투

sou³ ba²
掃把
sào zhou / tiáo zhou
扫帚 / 笤帚
Broom
빗자루

dei⁶ to¹
地拖
tuō bǎ / tuō bù
拖把 / 拖布
Mop
대걸레

laap⁶ saap³ tung²
垃圾（桶 / 筒）
lā jī xiāng
垃圾箱
Rubbish bin
쓰레기통

1

yau⁴ sön⁶ zhai¹

柔順劑

yī wù róu shùn jì

衣物柔順剂

Softener

섬유유연제

2

piu³ baak⁶ söü²

漂白水

piǎo bái jì

漂白剂

Bleach

표백제

3

sai² yi¹ fan²

洗衣粉

xǐ yī fěn

洗衣粉

Laundry detergent

가루세제

4

sai² yi¹ laam²

洗衣籃

xǐ yī lán

洗衣篮

Laundry basket

빨래 바구니

5

yi¹ ga²

衣架

yī jià

衣架

Hanger

옷걸이

6

yi¹ gep²

衣夾

yī jiā

衣夹

Laundry clip

빨래집게

7

tong³ saam¹ baan²

（熨／燙）衫板

tàng yī bǎn

烫衣板

Ironing board

다리미판

sai² yi¹ mong⁵

洗衣網

xǐ yī wǎng

洗衣网

Laundry net

빨래망

| go³ yan⁴ wu⁶ lei⁵ yung⁶ ban² **個人護理用品** | gè rén hù lǐ yòng pǐn 个人护理用品 | Personal care products | 퍼스널 케어 용품 |

1
nga⁴ chaat²
牙刷
yá shuā
牙刷
Toothbrush
칫솔

2
nga⁴ gou¹
牙膏
yá gāo
牙膏
Toothpaste
치약

3
nga⁴ sin³
牙線
yá xiàn
牙线
Dental floss
치실

4
zhi² gaap³ kim²
指甲鉗
zhǐ jia dāo
指甲刀
Nail clipper
손톱깎이

5
sau³ hau² söü²
漱口水
shù kǒu shuǐ
漱口水
Mouthwash
구강청결제

6
mou⁴ gan¹
毛巾
máo jīn
毛巾
Towel
수건

7
sai² tau⁴ söü²
洗頭水
xǐ fà gāo / xǐ fà shuǐ
洗发膏 / 洗发水

Shampoo

샴푸

8
ding⁶ ying⁴ söü²
定型水
dìng xíng shuǐ / dìng xíng pēn wù
定型水 / 定型喷雾

Hair spray

헤어 스프레이

9
wu⁶ faat³ sou³
護髮素
hù fà sù
护发素

Conditioner

컨디셔너

10
faat³ laap⁶
髮蠟
fà là
发蜡

Hair wax

왁스

11
yim⁵ faat³ zhai¹
染髮劑
rǎn fà jì
染发剂

Hair colorant

염색제

niu⁶ pin²
尿片
niào bù
尿布
Diaper
기저귀

wai⁶ sang¹ gan¹ / M gan¹
衛生巾 / M 巾
wèi shēng jīn
卫生巾
Sanitary napkin
생리대

sap¹ zhi² gan¹
濕紙巾
shī zhǐ jīn
湿纸巾
Wet wipe
물티슈

muk⁶ yuk⁶ lou⁶
沐浴露
mù yù lù
沐浴露
Body wash
바디 워시

song² san¹ fan²
爽身粉
shuǎng shēn fěn / fèi zi fěn
爽身粉 / 痱子粉
Baby powder
분말 땀띠약, 베이비 파우더

faan¹ gaan²
番梘
féi zào / xiāng zào
肥皂 / 香皂
Soap
비누

zhi² hon⁶ zhai¹
止汗劑
zhǐ hàn yè
止汗液
Deodorant / Antiperspirant
디오더런트, 탈취제

ngon³ mo¹ gou¹
按摩膏
àn mó gāo
按摩膏
Massage cream
근육통 크림, 마사지 크림

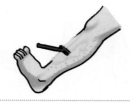

tüt³ mou⁴ gou¹
脫毛膏
tuō máo gāo
脱毛膏
Hair removal cream
제모 크림

min⁴ fa¹ paang⁵

棉花棒

mián huā bàng / mián qiān

棉花棒 / 棉签

Cotton swab

면봉

yan² ying⁴ ngaan⁵ geng²

隱形眼鏡

yǐn xíng yǎn jìng

隐形眼镜

Contact lens

콘택트 렌즈

sau² gan¹

手巾

shǒu pà

手帕

Handkerchief

손수건

zhi² gan¹

紙巾

zhǐ jīn

纸巾

Tissue

티슈

chi³ zhi²

厠紙

wèi shēng zhǐ / juǎn tǒng zhǐ

卫生纸 / 卷筒纸

Toilet paper

화장지

(maat³ / mut³) sau² zhi²

抹手紙

cā shǒu zhǐ

擦手纸

Paper towel

페이퍼 타월

zhe¹

遮

sǎn

伞

Umbrella

우산

toi² bou³

枱布

zhuō bù

桌布

Table cloth

식탁보

dei⁶ bou³

地布

jiǎo tà diàn

脚踏垫

Floor cloth

바닥 깔개

hung¹ hei³ ching¹ san¹ zhai¹
空氣清新劑
kōng qì qīng xīn jì
空气清新剂
Air freshener
방향제

man¹ höng¹
蚊香
wén xiāng
蚊香
Mosquito coil
모기향

chau³ yün² / fong⁴ chiu⁴ zhü¹
臭丸 / 防潮珠
fáng cháo jì
防潮剂
Desiccant / Mothball
좀약

| mit⁶ sat¹ pan³ mou⁶ **滅蚤噴霧** | miè zǎo pēn wù jì 灭蚤喷雾剂 | Fleas fumigator | 벼룩약 |

man¹ pa³ söü²
蚊怕水
qū wén shuǐ
驱蚊水
Bug spray
모기약

| saat³ chung⁴ söü² **殺蟲水** | shā chóng jì 杀虫剂 | Insecticide | 살충제 |

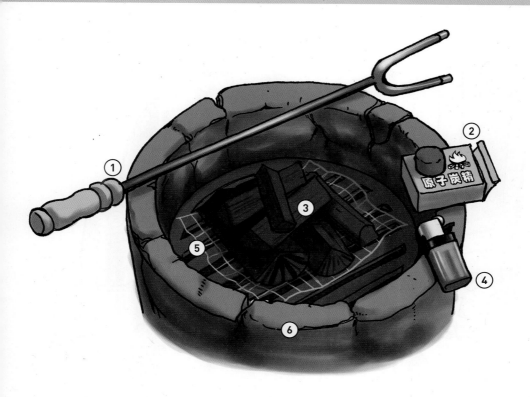

<table>
<tr><td>

1

siu¹ haau¹ cha¹

燒烤叉

shāo kǎo chā

烧烤叉

Barbecue fork

바베큐 포크

</td><td>

2

taan³ zhing¹

炭精

tàn jīng

炭精

Firelighter

착화제

</td><td>

3

taan³

炭

tàn

炭

Charcoal

숯

</td></tr>
<tr><td>

4

da² fo² gei¹

打火機

dǎ huǒ jī

打火机

Lighter

라이터

</td><td>

5

siu¹ haau¹ mong⁵

燒烤網

shāo kǎo wǎng

烧烤网

Barbecue net

바베큐용 철망

</td><td>

6

siu¹ haau¹ lou⁴

燒烤爐

shāo kǎo lú

烧烤炉

Barbecue grill

바베큐용 화로

</td></tr>
</table>

1

min⁶ mok²
面膜
miàn mó
面膜
Facial mask
마스크팩

2

sai² gaap³ söü²
洗甲水
xǐ jiǎ shuǐ
洗甲水
Nail polish remover
네일 리무버

3

sai² min⁶ naai⁵
洗面奶
xǐ miàn nǎi
洗面奶
Facial cleanser
클렌저

4

se³ zhong¹ yau⁴ / yü⁵
卸妝油 / 乳
xiè zhuāng yóu / rǔ
卸妆油 / 乳
Make-up remover oil / lotion
클렌징 오일

5

song² fu¹ söü²
爽膚水
shuǎng fū shuǐ
爽肤水
Toner
토너

6

yü⁵ söng¹
乳霜
rǔ shuāng
乳霜
Moisturizer / Cream
수분 크림

7

yön⁶ sön⁴ gou¹
潤唇膏
rùn chún gāo
润唇膏
Lip balm
립밤

8

höng¹ söü²
香水
xiāng shuǐ
香水
Perfume
향수

9

yön⁶ sau² söng¹
潤手霜
hù shǒu shuāng
护手霜
Hand cream
핸드 크림

yön⁶ fu¹ lou⁶
潤膚露 / Lotion
rùn fū lù
润肤露
Lotion
로션

3-09 스킨케어 제품　**179**

1

yin¹ zhi¹

胭脂

sāi hóng

腮红

Blusher

볼터치

2

söü³ fan²

碎粉

sǎn fěn / dìng zhuāng fěn

散粉 / 定妆粉

Loose powder

파우더

3

fan² beng²

粉餅

fěn bǐng

粉饼

Pressed powder

컴팩트

4

ngaan⁵ ying²

眼影

yǎn yǐng

眼影

Eye shadow

아이섀도우

5

zhi² gaap³ yau⁴

指甲油

zhǐ jia yóu

指甲油

Nail polish

매니큐어

6

zhit³ mou⁴ yik⁶

睫毛液

jié máo gāo

睫毛膏

Mascara

마스카라

7

ngaan⁵ sin³ bat¹

眼線筆

yǎn xiàn bǐ

眼线笔

Eye liner

아이라이너

8

fan² dai² yik⁶

粉底液

fěn dǐ yè

粉底液

Liquid foundation

리퀴드 파운데이션

9

mei⁴ bat¹

眉筆

méi bǐ

眉笔

Eyebrow pencil

아이브로우 펜슬

10

söng¹

BB 霜

shuāng

BB 霜

BB Cream

비비크림

11

sön⁴ choi²

唇彩

chún cǎi

唇彩

Lip gloss

립글로스

12

sön⁴ gou¹

唇膏

chún gāo / kǒu hóng

唇膏 / 口红

Lipstick

립스틱

13

zhe¹ ha⁴ gou¹

遮瑕膏

zhē xiá gāo

遮瑕膏

Concealer

컨실러

14

zhit³ mou⁴ gep²

睫毛夾

jié máo jiā

睫毛夹

Eyelash curler

속눈썹 뷰러

1 taai³ yöng⁴ ngaan⁵ geng² / hak¹ chiu¹
太陽眼鏡 / 黑超 | mò jìng / tài yáng jìng
墨镜/太阳镜 | Sunglasses | 썬글라스

2 tau⁴ kwu¹
頭箍
fà gū
发箍
Hairband
머리띠

3 zhöng⁶ gan¹ tau⁴ sik¹
橡筋頭飾
fà quān
发圈
Hair ties
머리끈

ngaan⁵ geng²
眼鏡
yǎn jìng
眼镜
Glasses
안경

4 sam¹ hau² zham¹
心口針
xiōng zhēn
胸针
Brooch
브로치

5 faat³ gep²
髮夾
fà jiā
发夹
Hairpin
머리핀

6 sau² biu¹
手錶
shǒu biǎo
手表
Watch
시계

taai¹ gep²
呔夾
lǐng dài jiā
领带夹
Tie clip
타이클립, 넥타이핀

7
sau² lin²
手鏈
shǒu liàn
手链
Bracelet
팔찌(체인형)

8
geng² lin²
頸鏈
xiàng liàn
项链
Necklace
목걸이

9
yi⁵ waan²
耳環
ěr huán
耳环
Earrings
귀걸이

10
gaai³ zhi²
戒指
jiè zhi
戒指
Ring
반지

11
sau² ngaak²
手鈪
shǒu zhuó
手镯
Bangle
팔찌(통짜형)

zhün³ sek⁶
鑽石
zuàn shí
钻石
Diamond
다이아몬드

wong⁴ gam¹
黃金
huáng jīn
黄金
Gold
금

yuk²
玉
yù
玉
Jade
옥

1
chaam¹ haau² sü¹
參考書
cān kǎo shū
参考书
Reference book
참고서

2
sau² gung¹ ngai⁶
手工藝
shǒu gōng yì
手工艺
Handicraft
수공예

3
saan² man⁴
散文
sǎn wén
散文
Prose
산문

4
zhi⁶ din²
字典
zì diǎn
字典
Dictionary
사전

5
siu² süt³
小說
xiǎo shuō
小说
Novel
소설

6
yi¹ hok⁶
醫學
yī xué
医学
Medical
의학

7
sam¹ lei⁵ hok⁶
心理學
xīn lǐ xué
心理学
Psychology
심리학

8
maan⁶ wa²
漫畫
màn huà
漫画
Comics
만화

9
löü⁵ yau⁴
旅遊
lǚ yóu
旅游
Travel
여행

10
zhaap⁶ zhi³
雜誌
zá zhì
杂志
Magazine
잡지

11
paang¹ yam⁶
烹飪
pēng rèn
烹饪
Cookery
요리

12
gaau³ fo¹ sü¹
教科書
jiào kē shū
教科书
Textbook
교과서

bou³ zhi²
報紙
bào zhǐ
报纸
Newspaper
신문

1
yat⁶ lik⁶ / yüt⁶ lik⁶
日曆 / 月曆
rì lì / yuè lì
日历 / 月历
Calendar
달력

2
söng¹ tau⁴ bat¹
箱頭筆
mǎ kè bǐ
马克笔
Marker
마커펜

3
tou⁴ goi² yik⁶
塗改液
xiū zhèng yè
修正液
Correction pen
수정액

4
ying⁴ gwong¹ bat¹
螢光筆
yíng guāng bǐ
荧光笔
Highlighter
형광펜

5
gaan³ chek²
間尺
chǐ
尺
Ruler
자

6
bat¹ hap²
筆盒
qiān bǐ hé
铅笔盒
Pencil case
필통

7
muk⁶ ngaan⁴ sik¹ bat¹
木顏色筆
cǎi sè qiān bǐ
彩色铅笔
Color pencil
색연필

8
yün⁴ sam¹ bat¹
鉛芯筆
zì dòng qiān bǐ
自动铅笔
Mechanical pencil
샤프펜슬

9
yat⁶ gei³ bou²
日記簿
rì jì běn
日记本
Diary book
일기장

10
bat¹ gei³ bou²
筆記簿
bǐ jì běn
笔记本
Notebook
공책

11
gei³ si⁶ bou²
記事簿 / schedule
jì shì běn
记事本
Schedule book
스케줄러

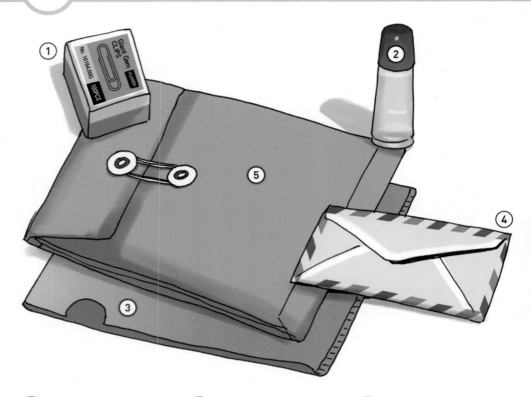

1
maan⁶ zhi⁶ gep²
萬字夾
huí xíng zhēn
回形针
Paper clip
클립

2
gaau¹ söü²
膠水
jiāo shuǐ
胶水
Glue
풀

3
faai¹ lou²
快勞 / File
wén jiàn jiā
文件夹
File
폴더, 화일, 서류철

4
sön³ fung¹
信封
xìn fēng
信封
Envelope
봉투

5
gung¹ man⁴ doi²
公文袋
wén jiàn dài
文件袋
Document envelope
서류 봉투

6
deng¹ sü¹ gei¹
釘書機
dìng shū qì
钉书器
Stapler
스테이플러

7
gaau¹ zhi²
膠紙
tòu míng jiāo
透明胶
Scotch tape / Sticky tape
테이프

8
da² lung¹ gei¹
打窿機
dǎ kǒng qì
打孔器
Hole puncher
펀치기

9
gai³ sou³ gei¹
計數機
jì suàn qì
计算器
Calculator
계산기

10
bat¹ paau²
筆刨
juǎn bǐ dāo / xiāo bǐ dāo
卷笔刀 / 削笔刀
Pencil sharpener
연필깎이

11
gaau³ zhin²
鉸剪
jiǎn dāo
剪刀
Scissors
가위

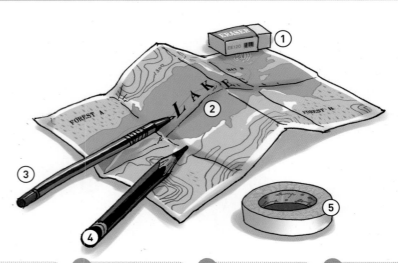

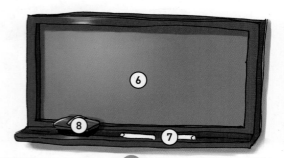

1

chaat³ gaau¹
擦膠
xiàng pí
橡皮
Eraser
지우개

2

dei⁶ tou⁴
地圖
dì tú
地图
Map
지도

3

yün⁴ zhi² bat¹
原子筆
yuán zhū bǐ
圆珠笔
Ballpoint pen
볼펜

4

yün⁴ bat¹
鉛筆
qiān bǐ
铅笔
Pencil
연필

5

söng¹ min² gaau¹ zhi²
雙面膠紙
shuāng miàn jiāo
双面胶
Double sided tape
양면 테이프

6

hak¹ baan²
黑板
hēi bǎn
黑板
Blackboard
칠판

7

fan² bat¹
粉筆
fěn bǐ
粉笔
Chalk
분필

8

fan² chaat²
粉刷
hēi bǎn cā
黑板擦
Chalkboard eraser
칠판 지우개

9

baak⁶ baan²

白板

bái bǎn

白板

Whiteboard

화이트보드

10

baak⁶ baan² bat¹

白板筆

bái bǎn bǐ

白板笔

Whiteboard marker

화이트보드 마카

gam⁶ deng¹

揼釘

dīng

钉

Pin

압정

mou⁴ bat¹

毛筆

máo bǐ

毛笔

Chinese ink brushes

붓

laap⁶ bat¹

蠟筆

là bǐ

蜡笔

Crayon

크레용

yün⁴ kwai¹

圓規

yuán guī

圆规

Compasses

컴퍼스

mak⁶ söü²

墨水

mò shuǐ

墨水

Ink

먹물, 잉크

bat¹ sam¹

筆芯

bǐ xīn

笔芯

Pen refills

리필 펜심

mong⁶ yün⁵ geng³

望遠鏡

wàng yuǎn jìng

望远镜

Binoculars

쌍안경

yün⁴ sam¹

鉛芯

qiān bǐ xīn

铅笔芯

Pencil lead

샤프심

1
gim³ laan⁴
劍蘭
jiàn lán
剑兰
Gladiolus
글라디올러스

2
tou⁴ fa¹
桃花
táo huā
桃花
Peach blossom
복숭아꽃

3
guk¹ fa¹
菊花
jú huā
菊花
Chrysanthemum
국화

4
laan⁴ fa¹
蘭花
lán huā
兰花
Orchid
난초

5
fa¹ zhön¹
花樽
huā píng
花瓶
Vase
꽃병

6
fa¹ pun⁴
花盆
huā pén
花盆
Flowerpot
화분

maau⁵ daan¹
牡丹
mǔ dan
牡丹
Peony
모란

lin⁴ fa¹
蓮花
lián huā / hé huā
莲花 / 荷花
Lotus
연꽃

höng³ yat⁶ kwai⁴
向日葵
xiàng rì kuí
向日葵
Sunflower
해바라기

yöng⁴ zhi² ging¹
洋紫荊
yáng zǐ jīng
洋紫荆
Bauhinia
(Hong Kong orchid tree)
바우히니아, 양자경 꽃

mun⁵ tin¹ sing¹
滿天星
mǎn tiān xīng
满天星
Baby's breath
안개꽃

mui⁴ fa¹
梅花
méi huā
梅花
Prunus mume
매화

1
baak³ hap⁶
百合
bǎi hé
百合
Lily
백합

2
mui⁴ gwai³
玫瑰
qiáng wēi / méi gui
薔薇 / 玫瑰
Rose
장미

3
wat¹ gam¹ höng¹
鬱金香
yù jīn xiāng
郁金香
Tulip
튤립

4
mut⁶ lei²
茉莉
mò lì
茉莉
Jasmine
자스민

5
hong¹ naai⁵ hing¹
康乃馨
kāng nǎi xīn
康乃馨
Clove pink / Carnation
카네이션

sö ü² sin¹

水仙

shuǐ xiān

水仙

Narcissus

수선화

dou⁶ gün¹

杜鵑

dù juān

杜鹃

Rhododendron

진달래

ying¹ fa¹

櫻花

yīng huā

樱花

Cherry blossom

벚꽃

hin¹ ngau⁴ fa¹

牽牛花

qiān niú huā

牵牛花

Ipomoea nil

나팔꽃

fan¹ yi¹ chou²

薰衣草

xūn yī cǎo

薰衣草

Lavender

라벤더

zhi² lo⁴ laan⁴

紫羅蘭

zǐ luó lán

紫罗兰

Violet

비단향꽃무

pou⁴ gung¹ ying¹
蒲公英
pú gōng yīng
蒲公英
Dandelion
민들레

saam¹ yip⁶ chou²
三葉草
sān yè cǎo
三叶草
Leaf clover
클로버

fung¹ yip⁶
楓葉
fēng yè
枫叶
Maple leaf
단풍

yat¹ ban² hung⁴ / sing³ daan³ fa¹
一品紅 / 聖誕花
yī pǐn hóng / shèng dàn huā
一品红 / 圣诞花
Poinsettias(Euphorbia pulcherrima)
포인세티아(크리스마스 꽃)

gung¹ fan² yöng⁴ tai⁴ gaap³
宮粉洋蹄甲
gōng fěn yáng tí jiǎ
宫粉洋蹄甲
Phanera variegata / Camel's foot tree
양제갑

muk⁶ min⁴ sü⁶

木棉樹

mù mián shù

木棉树

Bombax ceiba / Cotton tree

목화나무

yip⁶

葉

yè

叶

Leaves

잎

zhung² zhi²

種子

zhǒng zi

种子

Seed

씨

baak⁶ chin¹ chang⁴

白千層

bái qiān céng

白千层

Paper-bark tree

백천층

baak⁶ (laan² / laan⁴)

白蘭

bái lán

白兰

White champaca

백난화

siu² tai⁴ kam⁴
小提琴
xiǎo tí qín
小提琴
Violin
바이올린

daai⁶ tai⁴ kam⁴
大提琴
dà tí qín
大提琴
Cello
첼로

pei⁴ pa²
琵琶
pí pa
琵琶
Pipa
비파(현악기의 일종)

yi⁶ wu²
二胡
èr hú
二胡
Erhu
이호(해금의 일종)

gwu² zhang¹
古箏
gǔ zhēng
古箏
Guzheng
쟁

siu¹
簫
xiāo
簫
Xiao
소

hau² kam⁴
口琴
kǒu qín
口琴
Harmonica
하모니카

sau² fung¹ kam⁴
手風琴
shǒu fēng qín
手风琴
Accordion
아코디언

| gwu²
鼓 | gǔ
鼓 | Drum | 드럼 |

saam¹ gok³ tit³
三角鐵
sān jiǎo tiě
三角铁
Triangle
트라이앵글

daan¹ wong⁴ gwun²
單簧管
dān huáng guǎn
单簧管
Clarinet
클라리넷

söng¹ wong⁴ gwun²
雙簧管
shuāng huáng guǎn
双簧管
Oboe
오보에

sik¹ si⁶ fung¹
色士風
sà kè sī fēng
萨克斯风
Saxophone
색소폰

chöng⁴ dek²
長笛
cháng dí
长笛
Flute
플루트

siu² hou⁶
小號
xiǎo hào
小号
Trumpet
트럼펫

git³ ta¹
結他
jí tā
吉他
Guitar
기타

gong³ kam⁴
鋼琴
gāng qín
钢琴
Piano
피아노

| din⁶ zhi² kam⁴ **電子琴** | diàn zǐ qín 电子琴 | Electronic keyboard | 전자오르간 |

1

yü⁴ chi³

魚翅

yú chì
鱼翅

Shark fin

샥스핀

2

gam¹ wa⁴ fo² töü²

金華火腿

jīn huá huǒ tuǐ
金华火腿

Jinhua ham(Dry-cured ham)

중국식 햄

3

fa¹ gaau¹

花膠

huā jiāo
花胶

Dried fish maw

말린 생선 부레

4

gon¹ dung¹ gwu¹

乾冬菇

gān xiāng gū
干香菇

Dried shiitake mushroom

건 표고버섯

5

faat³ choi³

髮菜

fā cài
发菜

Fat choy

발채(조류 식물의 일종)

6

hoi² sam¹

海參

hǎi shēn
海参

Sea cucumber

해삼

7
yin³ wo¹
燕窩
yàn wō
燕窝
Edible bird's nest
제비집

8
gon¹ baau¹ yü⁴
乾鮑魚
gān bào yú
干鲍鱼
Dried abalone
말린 전복

9
yiu⁴ chü⁵
瑤柱
gān bèi
干贝
Conpoy / Dried scallop
말린 조갯살

10
fa¹ kei⁴ sam¹
花旗參
huā qí shēn
花旗参
American ginseng
화기삼, 미국 인삼

11
ling⁴ zhi¹
靈芝
líng zhī
灵芝
Lingzhi mushroom
영지버섯

12
yan⁴ sam¹
人參
rén shēn
人参
Ginseng
인삼

dung¹ chung⁴ chou²
冬蟲草
dōng chóng xià cǎo
冬虫夏草
Cordyceps sinensis / Caterpillar fungus
동충하초

자주 보이는 점포

söng⁴ gin³ dim³ pou³
常見店舖

baak³ fo³ gung¹ si¹ 百貨公司	bǎi huò gōng sī 百货公司	Department stores	백화점
Sin¹ si¹ baak³ fo³ 先施百貨	Xiān shī bǎi huò 先施百货	Sincere Department Store	신시어 백화점
Wing⁵ ngon¹ baak³ fo³ 永安百貨	Yǒng ān bǎi huò 永安百货	Wing On Department Store	윙온 백화점
Yü⁶ wa² gwok³ fo³ 裕華國貨	Yù huá guó huò 裕华国货	Yue Hwa Chinese Products	위화 차이니즈 프로덕트
Gat¹ zhi¹ dou² 吉之島	Jí zhī dǎo 吉之岛	Jusco	저스코
Ma⁵ sa¹ baak³ fo³ 馬莎百貨	Mǎ shā bǎi huò 马莎百货	Marks & Spencer	막스 앤 스펜서
Yat¹ tin⁴ baak³ fo³ 一田百貨	Yī tián bǎi huò 一田百货	Yata Department Store	야타 백화점
Sai¹ mou⁵ baak³ fo³ 西武百貨	Xī wǔ bǎi huò 西武百货	Hong Kong Seibu	세이부 백화점
Sung⁴ gwong¹ baak³ fo³ 崇光百貨	Chóng guāng bǎi huò 崇光百货	SOGO Hong Kong	소고 백화점

fuk⁶ sik¹ dim³ 服飾店	fú shì diàn 服饰店	Clothing store	옷 가게
Zho³ daan¹ nou⁴ 佐丹奴	Zuǒ dān nú 佐丹奴	Giordano	지오다노
UNIQLO	Yōu yī kù 优衣库	UNIQLO	유니클로
yi⁶ chin¹ G2000	liǎng qiān G2000	G2000	G2000

ga¹ göü¹ yung⁶ ban² dim³ 家居用品店	jiā jū yòng pǐn 家居用品	Home appliances stores	가전 가구점
Baak³ lou⁵ wui⁶ 百老匯	Bǎi lǎo huì 百老汇	Broadway	브로드웨이
Fung¹ zhaak⁶ din⁶ hei³ 豐澤電器	Fēng zé diàn qì 丰泽电器	Fortress	포트리스
Sou¹ ning⁴ din⁶ hei³ 蘇寧電器	Sū níng diàn qì 苏宁电器	Suning Citicall Appliance	쑤닝 시티콜 어플라이언스
Zhung¹ yün⁴ din⁶ hei³ 中原電器	Zhōng yuán diàn qì 中原电器	Chung Yuen Electrical Company	중위엔 전자
Gwok³ mei⁵ din⁶ hei³ 國美電器	Guó měi diàn qì 国美电器	GOME Electrical Appliances	궈메이 전자
Yi⁴ ga¹ ga¹ si¹ 宜家傢俬	Yí jiā jiā jū 宜家家居	IKEA	이케아
Sat⁶ wai⁶ 實惠	Shí huì 实惠	Pricerite	프라이스라이트
Yat⁶ bun² sing⁴ 日本城	Rì běn chéng 日本城	Japan Home Centre	JHC
Wong⁴ gam¹ din⁶ nou⁵ söng¹ chöng⁴ 黃金電腦商場	Huáng jīn diàn nǎo shāng chǎng 黄金电脑商场	Golden Computer Arcade	골든 컴퓨터 아케이드
Sin¹ daat⁶ gwong² chöng⁴ 先達廣場	Xiān dá guǎng chǎng 先达广场	Sin Tat Plaza	신탓 플라자

17 | 자주 보이는 점포 | söng⁴ gin³ dim³ pou³
常見店舖

chiu¹ si⁵ **超市**	chāo shì 超市	Supermarkets	슈퍼마켓
Baak³ gaai¹ chiu¹ kap¹ si⁵ chöng⁴ **百佳超級市場**	Bǎi jiā chāo jí shì chǎng 百佳超级市场	PARKnSHOP	파크 앤 숍
Wai⁶ hong¹ chiu¹ kap¹ si⁵ chöng⁴ **惠康超級市場**	Huì kāng chāo jí shì chǎng 惠康超级市场	Wellcome	웰컴
Daai⁶ chöng¹ sik⁶ ban² si⁵ chöng⁴ **大昌食品市場**	Dà chāng shí pǐn shì chǎng 大昌食品市场	DCH Food Mart	DCH 푸드마트
Gaai¹ bou² sik⁶ ban² **佳寶食品**	Jiā bǎo shí pǐn 佳宝食品	Kai Bo Food Supermarket	까이보 식품 슈퍼마켓
Wa⁴ yön⁶ maan⁶ ga¹ **華潤萬家**	Huá rùn wàn jiā 华润万家	China Resources Vanguard (CR Vanguard)	CR 뱅가드

yök⁶ fong⁴ **藥房**	yào fáng 药房	Pharmacies	약국
Maan⁶ ning⁴ **萬寧**	Wàn níng 万宁	Mannings	매닝스
Wat¹ san⁴ si² **屈臣氏**	Qū chén shì 屈臣氏	Watsons	왓슨

fa³ zhong¹ ban² **化妝品**	huà zhuāng pǐn 化妆品	Cosmetics	화장품
Chök³ yüt⁶ **卓悅**	Zhuó yuè 卓悦	Bonjour	봉주르
Sa¹ sa¹ **莎莎**	Shā shā 莎莎	Sasa	사사

bin⁶ lei⁶ dim³ **便利店**	biàn lì diàn 便利店	Convenience stores	편의점
Chat¹ sap⁶ yat¹ **7-11**	biàn lì diàn 7-11 便利店	7-Eleven	세븐일레븐
bin⁶ lei⁶ dim³ **OK 便利店**	biàn lì diàn OK 便利店	Circle K	써클케이

sü¹ guk² **書局**	shū diàn 书店	Bookstores	서점
Söng¹ mou⁶ yan³ sü¹ gwun² **商務印書館**	Shāng wù yìn shū guǎn 商务印书馆	The Commercial Press	커머셜 프레스
Daai⁶ zhung³ sü¹ guk² **大眾書局**	Dà zhòng shū jú 大众书局	Popular Holdings	파퓰러 홀딩스
Saam¹ lün⁴ sü¹ dim³ **三聯書店**	Sān lián shū diàn 三联书店	Joint Publishing	조인트 퍼플리싱
Zhung¹ wa⁴ sü¹ guk² **中華書局**	Zhōng huá shū jú 中华书局	Chung Hwa Book Co.	중화북스
Sing⁴ ban² sü¹ dim³ **誠品書店**	Chéng pǐn shū diàn 诚品书店	Eslite Bookstore	에슬라이트 서점

man⁴ göü⁶ dim³ **文具店**	wén jù diàn 文具店	Stationery stores	문구점
Zhung¹ naam⁴ gwong² chöng⁴ **中南廣場**	Zhōng nán guǎng chǎng 中南广场	CN Square	CN 스퀘어
Tin¹ lei⁶ hong² sü¹ guk² **天利行書局**	Tiān lì xíng shū jú 天利行书局	T.H. Lee Book Co., Ltd	T.H. Lee 서점

sik⁶ zhoi⁶ Höng¹ gong²

食在香港

홍콩에서 먹다

dou¹
刀
dāo
刀
Knife
칼

dip²
碟
pán zi
盘子
Plate
접시

cha¹
叉
chā zi
叉子
Fork
포크

chi⁴ gang¹
匙羹
sháo zi
勺子
Spoon
스푼

wun²
碗
wǎn
碗
Bowl
그릇

faai³ zhi²
筷子
kuài zi
筷子
Chopsticks
젓가락

gaak³ zha¹ hok³
隔渣殼
lāo wǎng
捞网
Strainer
거름망

hok³
殼
tāng sháo
汤勺
Ladle
국자

nga⁴ chim¹
牙籤
yá qiān
牙签
Toothpick
이쑤시개

cha⁴ wu²
茶壺
chá hú
茶壶
Teapot
찻주전자

cha⁴ bui¹
茶杯
chá bēi
茶杯
Teacup
찻잔

tong¹ gang¹
湯羹
tāng chí
汤匙
Chinese spoon
중국 스푼

zhi² zhai³ chaan¹ göü⁶
紙製餐具
zhǐ zhì cān jù / yī cì xìng cān jù
纸制餐具 / 一次性餐具
Paper utensils
종이 식기

yam² gwun²
飲管
xī guǎn
吸管
Straw
빨대

zhuk¹ chim¹
竹籤
zhú qiān
竹签
Bamboo stick
대나무 꼬챙이

zhau² bui¹
酒杯
pú táo jiǔ bēi
葡萄酒杯
Wine glass
와인잔

bo¹ lei¹ bui¹
玻璃杯
bō li bēi
玻璃杯
Glass
유리컵

ga³ fe¹ bui¹
咖啡杯
kā fēi bēi
咖啡杯
Coffee cup
커피잔

chit³
切
qiē
切
Cut
썰다

dök¹ / dök³
剁
duò
剁
Mince
잘게 다지다

bun⁶
拌
bàn
拌
Mix
섞다

zham³ paau³
浸泡
jìn pào
浸泡
Soak
담그다

yip³
醃
yān
腌
Marinate
절이다

zha³
炸
zhá
炸
Deep fry
튀기다

chaau²
炒
chǎo
炒
Stir-fry
볶다

ngaau⁴
熬
áo
熬
Boil for broth
오래 끓이다, 푹 삶다

dan⁶
炖 / 燉
dùn
炖
Simmer
조림

zhǔ²

煮

zhǔ

煮

Boil

끓이다

guk⁶

焗

jú

焗

Bake

오븐으로 굽다

gwan²

滾

tàng / chāo

烫 / 焯

Blanch

삶다

zhing¹

蒸

zhēng

蒸

Steam

찌다

siu¹

燒

kǎo

烤

Roast Grill

굽다

zhin¹

煎

jiān

煎

Fry

프라이

man¹

炆 / 燜

dùn / mèn

炖 / 焖

Braise

약한 불로 오랫동안 끓이다

lou⁵

鹵

lǔ

卤

Red cooking / Chinese stewing / Red braising

간이 잘 스며들도록 오랫동안 끓이다

ching¹ zhing¹

清蒸

qīng zhēng

清蒸

Steam

조미료를 넣지 않고 찌다

sün³ yung⁴ chaau²

蒜茸炒

suàn róng chǎo

蒜蓉炒

Stir-fry with mashed garlic

마늘과 같이 볶다

zhi¹ si² guk⁶

芝士焗

zhī shì jú

芝士焗

Bake with cheese

치즈와 같이 오븐에 굽다

si⁶ zhiu¹ chaau²

豉椒炒

chǐ jiāo chǎo

豉椒炒

Stir-fry with black bean sauce

발효콩 소스와 같이 볶다

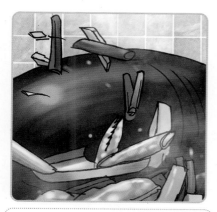

gōng¹ chung¹ chaau²

薑蔥炒

jiāng cōng chǎo

姜葱炒

Stir-fry with ginger and scallions

생강, 대파와 같이 볶다

zhiu¹ yim⁴ zha³

椒鹽炸

jiāo yán zhá

椒盐炸

Deep-fry with salt and pepper

소금 후추 튀김

baak⁶ chök³

白灼

bái zhuó

白灼

Boil in water for a short time

물에 데치다

hung⁴ siu¹

紅燒

hóng shāo

红烧

Braise

간장으로 조리다

yim⁴
鹽
yán
盐
Salt
소금

wu⁴ zhiu¹ fan²
胡椒粉
hú jiāo fěn
胡椒粉
Pepper
후춧가루

waai⁴ yim⁴
淮鹽
huái yán
淮盐
Spice salt
회염(중국 회하 유역에서 나는 소금)

zhi¹ ma⁴
芝（麻／蔴）
zhī má
芝麻
Sesame
참깨

saang¹ fan²
生粉
shēng fěn
生粉
Corn starch
전분

dau⁶ si⁶
豆豉
dòu chǐ
豆豉
Douchi
(Fermented and salted soybean)
두시(콩을 발효시켜 말려 만든 조미료)

ma⁴ yau⁴
（麻／蔴）油
zhī má yóu
芝麻油
Sesame oil
참기름

yau⁴
油
yóu
油
Oil
기름

tong⁴
糖
táng
糖
Sugar
설탕

ngau⁴ yau⁴
牛油
huáng yóu
黄油
Butter
버터

göng¹
薑
jiāng
姜
Ginger
생강

bing¹ tong⁴
冰糖
bīng táng
冰糖
Rock sugar
락슈가

hou⁴ yau⁴
蠔油
háo yóu
蚝油
Oyster sauce
굴소스

chou³
醋
cù
醋
Vinegar
식초

siu¹ zhau²
燒酒
shāo jiǔ
烧酒
Chinese cooking spirit
(Distilled liquor)
소주

ma⁴ zhöng³
（麻／蔴）醬
má jiàng
麻酱
Sesame sauce
참깨 소스

tim⁴ zhöng³
甜醬
tián jiàng
甜酱
Sweet sauce
단맛 소스

laat⁶ zhöng³
辣醬
là jiàng
辣酱
Spicy sauce
매운맛 소스

fa¹ sang¹ zhöng³
花生醬
huā shēng jiàng
花生酱
Peanut butter
땅콩잼

mat⁶ tong⁴
蜜糖
fēng mì / mì táng
蜂蜜 / 蜜糖
Honey
꿀

gwo² zhöng³
果醬
guǒ jiàng
果酱
Jam
과일잼

lin⁶ naai⁵
煉奶
liàn rǔ
炼乳
Condensed milk
연유

sa¹ löt² zhöng³
沙律醬
shā lā jiàng
沙拉酱
Mayonnaise / Salad cream
마요네즈

zhi¹ ma⁴ zhöng³
芝（麻 / 蔴）醬
zhī ma jiàng
芝麻酱
Tahini(Sesame paste)
타히니(참깨 소스)

sa³ de¹ zhöng³
沙嗲醬
shā diē jiàng
沙爹酱
Satay sauce
인도네시아 사테 소스

zhöng³
XO 醬
jiàng
XO 酱
XO sauce
XO 소스

gaai³ mut⁶

芥末

jiè mo

芥末

Wasabi

와사비, 고추냉이

dau⁶ baan² zhöng³

豆瓣醬

dòu bàn jiàng

豆瓣酱

Doubanjiang
(Fermented broad bean paste)

두반장

laat⁶ zhiu¹ zhöng³

辣椒醬

là jiāo jiàng

辣椒酱

Chili sauce

칠리 소스

sün³ tau⁴

蒜頭

suàn

蒜

Garlic

마늘

fu⁶ yü⁵

腐乳

fǔ rǔ

腐乳

Fermented bean curd

삭힌 두부

ha¹ zhöng³

蝦醬

xiā jiàng

虾酱

Shrimp paste

새우 페이스트, 새우젓

naam⁴ yü⁵

南乳

nán rǔ / hóng fǔ rǔ / hóng fāng

南乳 / 红腐乳 / 红方

Red fermented bean curd

빨간 삭힌 두부

gai¹ fan²

雞粉

jī jīng / jī fěn

鸡精 / 鸡粉

Chicken extract powder

치킨 파우더

no⁶ mai⁵ fan²
糯米粉
nuò mǐ fěn
糯米粉
Glutinous rice flour
찹쌀가루

1
yau³ min⁶
幼麵
yòu miàn
幼面
Egg noodles
가늘고 둥근 면

2
chou¹ min⁶
粗麵
cū miàn
粗面
Thick egg noodles
납작하고 두꺼운 중화면

3
yau⁴ min⁶
油麵
yóu miàn
油面
Yellow noodles
유면(기름을 묻힌 면)

4
faan⁶
飯
mǐ fàn
米饭
Rice
밥

5
yi³ fan²
意粉
yì fěn
意粉
Spaghetti
파스타

6
tung¹ fan²
通粉
tōng xīn fěn
通心粉
Macaroni
마카로니

7
zhik¹ sik⁶ min⁶
即食麵
fāng biàn miàn
方便面
Instant noodles
라면

8
mai⁵ fan²
米粉
mǐ fěn
米粉
Rice vermicelli
쌀국수(면발이 얇음)

9
fan² si¹
粉絲
fěn sī
粉丝
Mung bean vermicelli
당면(면발이 얇음)

10
mai⁵ sin³
米線
mǐ xiàn
米线
Rice-noodles
쌀국수

11
laai⁶ fan²
瀨粉
lài fěn
濑粉
Lai-fun
(A kind of rice vermicelli which is transparent)
쌀국수(반죽하여 뽑은 투명한 국수)

12
ho² fan²
河粉
hé fěn
河粉
He-fen
(Flat Chinese noodles made from rice)
쌀국수(면발이 평평하고 두꺼움)

13
wu¹ dung¹
烏冬
wū dōng miàn
乌东面
Udon
우동

14
yi¹ min⁶
伊麵
yī miàn
伊面
E-fu noodle
이면, 이부면(기름으로 튀긴 계란 국수)

min⁶ fan²
麵粉
miàn fěn
面粉
Flour
밀가루

1 zhü¹ pei⁴
豬皮
zhū pí
猪皮
Pork rind
돼지 껍질

2 zhü¹ yön²
豬膶
zhū gān
猪肝
Pork liver
돼지 간

3 zhü¹ saang¹ chöng²
豬生腸
zhū shēng cháng
猪生肠
Pork uterus
돼지 자궁

4 zhü¹ daai⁶ chöng²
豬大腸
zhū dà cháng
猪大肠
Pork intestine
돼지 대장

5 zhü¹ tou⁵
豬肚
zhū dǔ
猪肚
Pork tripe
돼지 위

6 zhü¹ yuk⁶
豬肉
zhū ròu
猪肉
Pork
돼지고기

7 zhü¹ sau² / zhü¹ gök³ / yün⁴ tai⁴
豬手 / 豬腳 / 元蹄
zhū shǒu / zhū jiǎo / zhū tí
猪手 / 猪脚 / 猪蹄
Pork knuckle
족발

zhü¹ yi⁵

猪耳

zhū ěr duo

猪耳朵

Pork ear

돼지 귀

zhü¹ lau⁵

猪柳

zhū liǔ

猪柳

Pork fillet

돼지 안심

zhü¹ pa²

猪扒

zhū pái

猪排

Pork chop

돼지 스테이크

paai⁴ gwat¹

排骨

pái gǔ

排骨

Pork spare ribs

돼지 갈비

mui⁴ tau² / söng⁶ gin¹ yuk⁶

梅頭 / 上肩肉

méi ròu / jiān jiǎ ròu

梅肉 / 肩胛肉

Shoulder chop

돼지 목전지

gin¹ zhek³ yuk⁶

肩脊肉

jiān jǐ ròu / lǐ jǐ ròu

肩脊肉 / 里脊肉

Pork loin

돼지 어깨 등살

zhü¹ geng² yuk⁶

猪頸肉

zhū jǐng ròu

猪颈肉

Pork jowl

돼지 목살, 항정살

ng⁵ fa¹ naam⁵ / zhü¹ naam⁵ yuk⁶

五花腩 / 猪腩肉

wǔ huā ròu

五花肉

Pork belly

삼겹살

zhü¹ bei² yuk⁶

猪髀肉

zhū zhǒu zi ròu / zhū tuǐ ròu

猪肘子肉 / 猪腿肉

Leg cut

돼지 허벅지살

yuk⁶ ngaan⁵

肉眼

ròu yǎn

肉眼

Pork rib eye

돼지 등심

❶	gin¹ yuk⁶ **肩肉**	jiān ròu 肩肉	Beef shoulder	앞어깨살
❷	yuk⁶ ngaan⁵ **肉眼**	ròu yǎn 肉眼	Beef rib eye	꽃등심
❸	ngau⁴ lau⁵ **牛柳**	niú liǔ 牛柳	Beef tenderloin	안심

4	ngau⁴ naam⁵ **牛腩**	niú nǎn 牛腩	Beef brisket	양지머리
5	sai¹ laang¹ **西冷**	xī lěng 西冷	Beef sirloin	어깨살
6	ngau⁴ bei² yuk⁶ **牛髀肉**	niú tuǐ ròu 牛腿肉	Beef thigh	앞사태살
7	tün⁴ yuk⁶ **臀肉**	tún ròu 臀肉	Beef rump	우둔살
8	ngau⁴ zhin² **牛腱**	niú jiàn / niú zhǎn 牛腱 / 牛展	Beef shin	아롱사태
9	hau⁶ bei² yuk⁶ **後髀肉**	hòu tuǐ ròu 后腿肉	Beef shank	뒷사태살
10	ngau⁴ mei⁵ **牛尾**	niú wěi 牛尾	Oxtail	소꼬리

yuk⁶ paai²
肉排

ròu pái
肉排
Rib / Steak
(Thick slice of pork or beef)
스테이크

ngau⁴ pa²
牛扒

niú pái
牛排
Steak
소고기 스테이크

min⁵ zhi⁶ yuk⁶
免治肉
jiǎo ròu / ròu xiàn
绞肉 / 肉馅

Ground Meat
다진 고기

ngau⁴ zhai² gwat¹
牛仔骨
niú zǎi gǔ
牛仔骨

Short ribs
LA 갈비

gai¹ pa²
雞扒
jī pái
鸡排
Chicken chop
치킨 스테이크

gai¹ yuk⁶
雞肉
jī ròu
鸡肉
Chicken
닭고기

gai¹ daan²
雞蛋
jī dàn
鸡蛋
Egg
계란, 달걀

1 gai¹ yik⁶ zhim¹
雞翼尖
jī chì jiān
鸡翅尖
Chicken wing tips
닭날개

2 gai¹ zhung¹ yik⁶
雞中翼
jī chì
鸡翅
Chicken wing
치킨윙

3 gai¹ hung¹
雞胸
jī xiōng
鸡胸
Chicken breast
닭가슴살

4 gai¹ san⁵
雞腎
jī zhēn
鸡胗
Chicken gizzard
닭 모래주머니

5 gai¹ lau⁵
雞柳
jī liǔ
鸡柳
Chicken tender
닭 안심

6 gai¹ bei²
雞髀
jī tuǐ
鸡腿
Chicken leg
닭다리

yöng⁴ yuk⁶
羊肉
yáng ròu
羊肉
Mutton / Lamb
양고기

yöng⁴ ga²
羊架
yáng jià
羊架
Lamb rack
양갈비

se⁴ yuk⁶
蛇肉
shé ròu
蛇肉
Snake meat
뱀고기

ngo² yuk⁶
鵝肉
é ròu
鹅肉
Goose meat
거위고기

ngo⁴ chöng²
鵝腸
é cháng
鹅肠
Goose intestines
거위 내장

(aap³ / ngaap³) san⁵
鴨腎
yā zhēn
鸭胗
Duck gizzard
오리 모래주머니

(aap³ / ngaap³) yuk⁶
鴨肉
yā ròu
鸭肉
Duck meat
오리고기

sau³ yuk⁶
瘦肉
shòu ròu
瘦肉
Lean meat
살코기

fei⁴ yuk⁶
肥肉
féi ròu
肥肉
Fatty meat
비육(지방 있는 기름진 고기)

zhü¹ hung⁴
豬紅
zhū hóng / zhū xuè
猪红 / 猪血
Pig's blood curd
돼지 선지

zha³ choi³ yuk⁶ si¹
榨菜肉絲
zhà cài ròu sī
榨菜肉丝
Pickled Sichuan vegetables and pork
짜차이와 돼지고기 볶음

süt³ choi³ yuk⁶ si¹
雪菜肉絲
xuě cài ròu sī
雪菜肉丝
Pickled vegetables and pork
중국식 갓김치와 잘게 썬 돼지고기 볶음

zha³ zhöng³
炸醬
zhá jiàng
炸酱
Fried bean sauce
짜장

ngau⁴ ma¹ gan¹
牛孖根
niú jīn
牛筋
Beef tendon
소 힘줄

sa³ de¹ ngau⁴ yuk⁶
沙嗲牛肉
shā diē niú ròu
沙爹牛肉
Beef satay
사태 소스맛 소고기 볶음

fo² töü²
火腿
huǒ tuǐ
火腿
Ham
햄

yin¹ yuk⁶
煙肉
péi gēn / yān ròu
培根 / 烟肉
Bacon
베이컨

zhi¹ si² chöng²
芝士腸
zhī shì cháng
芝士肠
Cheesy sausage
치즈 소시지

wui⁴ wo¹ yuk⁶
回鍋肉
huí guō ròu
回锅肉
Sauteed sliced pork withpepper and chili /
Twice cooked pork
매운 양념 돼지고기 볶음

ng⁵ chaan¹ yuk⁶
午餐肉
wǔ cān ròu
午餐肉
Luncheon meat
런천미트(스팸)

ng⁵ höng¹ yuk⁶ ding¹
五香肉丁
wǔ xiāng ròu dīng
五香肉丁
Spiced pork cubes
오향 돼지고기(산초, 회향, 계피, 팔각, 정향)

chöng² zhai²
腸仔
xiāng cháng
香肠
Sausage
소시지

fei⁴ ngau⁴
肥牛
féi niú
肥牛
Sliced beef
차돌박이

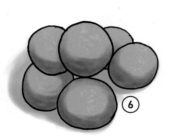

#	廣東語	普通話
1	wan⁴ tan¹ 雲吞 / 餛飩	hún tun 馄饨
2	mak⁶ yü⁴ yün² 墨魚丸	mò yú wán 墨鱼丸
3	haai⁵ lau⁵ 蟹柳	xiè ròu bàng 蟹肉棒
4	yü⁴ pei⁴ gaau² 魚皮餃	yú pí jiǎo 鱼皮饺
5	si¹ zhi² gau² 獅子狗	shī zi gǒu / tǒng zhuàng yú juǎn 狮子狗 / 筒状鱼卷
6	yü⁴ daan² 魚蛋	yú wán 鱼丸
7	ha¹ yün² 蝦丸	xiā wán 虾丸
8	ngau⁴ yün² 牛丸	niú ròu wán 牛肉丸
9	zhi¹ si² yün² 芝士丸	zhī shì wán 芝士丸
10	lung⁴ ha¹ yün² 龍蝦丸	lóng xiā wán 龙虾丸
11	söü² gaau² 水餃	shuǐ jiǎo 水饺
12	gung³ yün² 貢丸	gòng wán 贡丸

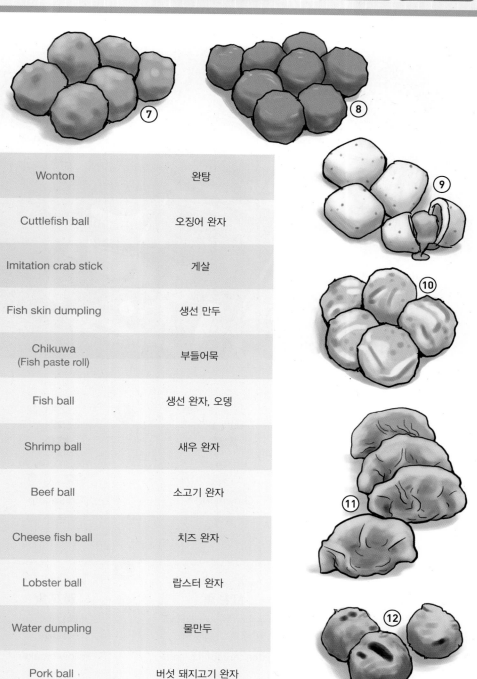

Wonton	완탕
Cuttlefish ball	오징어 완자
Imitation crab stick	게살
Fish skin dumpling	생선 만두
Chikuwa (Fish paste roll)	부들어묵
Fish ball	생선 완자, 오뎅
Shrimp ball	새우 완자
Beef ball	소고기 완자
Cheese fish ball	치즈 완자
Lobster ball	랍스터 완자
Water dumpling	물만두
Pork ball	버섯 돼지고기 완자

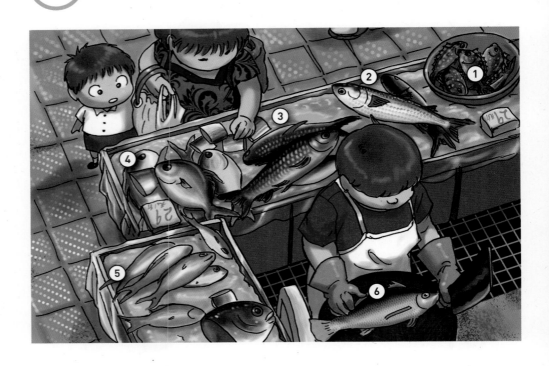

1
nai⁴ maang¹
泥鯭
ní měng yú
泥猛鱼
Mottled spinefoot
독가시치

2
wu¹ tau²
烏頭
wū tóu yú
乌头鱼
Grey mullet
숭어

3
waan⁵ yü²
鯇魚
wǎn yú / cǎo yú
鯇鱼 / 草鱼
Grass carp
초어

4
wong⁴ laap⁶ chong¹
黃立鎗
huáng lì cāng
黄立仓
Pompano
전갱이

5
hung⁴ saam¹ yü²
紅衫魚
hóng shān yú / jīn xiàn yú
红衫鱼 / 金线鱼
Golden threadfin bream
실꼬리돔

6
wong⁴ fa¹ yü²
黃花魚
huáng huā yú
黄花鱼
Yellow croaker
참조기

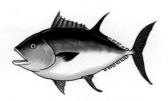

maan⁶ yü⁴
鰻魚
mán yú
鳗鱼
Eel
장어

lung⁴ dan²
龍躉
lóng dǔn / jù shí bān yú
龙趸 / 巨石斑鱼
Giant grouper
자이언트 그루퍼

tan¹ na⁴ yü²
吞拿魚
jīn qiāng yú
金枪鱼
Tuna
참치

bei² muk⁶ yü² / taat³ sa¹ yü²
比目魚 / 撻沙魚
bǐ mù yú / dié yú
比目鱼 / 鲽鱼
Flatfish / Halibut
비목어(넙치류)

do¹ chön¹ yü²
多春魚
duō chūn yú / liǔ yè yú
多春鱼 / 柳叶鱼
Shishamo / Capelin
열빙어

saam¹ man⁴ yü²
三文魚
guī yú
鲑鱼
Salmon
연어

chau¹ dou¹ yü²
秋刀魚
qiū dāo yú
秋刀鱼
Mackerel Pike /
Pacific saury / Cololabis saira
꽁치

1
tin⁴ gai¹
田雞
tián jī
田鸡
Chinese edible frog
식용 개구리

2
gwai³ fa¹ yü²
桂花魚
guì huā yú
桂花鱼
Mandarin perch
쏘가리

3
sin⁵
鱔
shàn yú
鳝鱼
Asian swamp eel
드렁허리(장어류)

4
laai¹ liu⁶ ha¹
瀨尿蝦
pí pí xiā / xiā pá zi / xiā gū
皮皮虾 / 虾爬子 / 虾蛄
Mantis shrimp
갯가재

5
ha¹
蝦
xiā
虾
Shrimp
새우

6
haai⁵
蟹
páng xiè
螃蟹
Crab
게

hin²
蜆
gé lí
蛤蜊
Clam
바지락

baau¹ yü⁴
鮑魚
bào yú
鲍鱼
Abalone
전복

lo²
螺
luó
螺
Spiral shell
소라

hoi² daam²
海膽
hǎi dǎn
海胆
Sea urchin
성게

sing³ zhi²
蟶子
chēng zi
蛏子
Razor clam
맛살조개

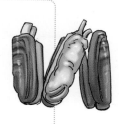

daai³ zhi²
帶子
dài zǐ
带子
Scallop
관자

hou⁴
蠔
háo / mǔ lì
蚝 / 牡蛎
Oyster
굴

sin³ bui³
扇貝
shàn bèi
扇贝
Fan scallop
가리비

daai⁶ ngaan⁵ gai¹
大眼雞
jīn mù diāo
金目鯛
Big eye
꽃도미

sek⁶ baan¹
石斑
shí bān
石班
Rock cod / Grouper
우럭

lung⁴ ha¹
龍蝦
lóng xiā
龙虾
Lobster
바닷가재

saan¹ wu⁴ pong⁵
珊瑚蚌
shān hú bàng
珊瑚蚌
Sea cucumber meat(in red)
해삼 창자(주황색)

mak⁶ yü⁴
墨魚
mò yú
墨鱼
Cuttlefish
갑오징어

yau⁴ yü² / fa¹ zhi¹
魷魚 / 花枝
yóu yú / huā zhī
鱿鱼 / 花枝
Squid
오징어

baat³ zhaau² yü⁴
八爪魚
zhāng yú
章鱼
Octopus
문어

gwai³ fa¹ pong⁵
桂花蚌
guì huā bàng
桂花蚌
Sea cucumber meat(in white)
해삼 창자(흰색)

zhöng⁶ bat⁶ pong⁵
象拔蚌
xiàng bá bàng
象拔蚌
Geoduck
구이덕, 코끼리 조개

mak⁶ yü⁴ waat²
墨魚滑
mò yú huá
墨鱼滑

Minced cuttlefish

다진 갑오징어

yü⁴ fu⁶
魚腐
yú fǔ
鱼腐

Fish curd puff
(Deep fried minced fish)

찐 생선살 튀김

baak⁶ faan⁶ yü²
白飯魚
yín yú
银鱼

Chinese noodlefish /
Salanx chinensis

뱅어

zha³ yü⁴ pei⁴
炸魚皮
zhá yú pí
炸鱼皮

Deep fried fish skin

튀긴 생선 껍질

ha¹ waat²
蝦滑
xiā huá
虾滑

Minced shrimp

다진 새우

| leng⁴ yü⁴ kau⁴ **鲮魚球** | líng yú qiú 鲮鱼球 | Dace fish ball | 황어 어묵 |

1 ye⁴ choi³

椰菜

juǎn xīn cài

卷心菜

Cabbage

양배추

2 sai¹ kan²

西芹

xī qín

西芹

Celery

샐러리

3 sai¹ laan⁴ fa¹

西蘭花

xī lán huā

西兰花

Broccoli

브로컬리

4 ke² zhi² / ai² gwa¹

茄子 / 矮瓜

qié zi

茄子

Eggplant

가지

5 ye⁴ choi³ fa¹

椰菜花

huā cài / cài huā

花菜 / 菜花

Cauliflower

콜리플라워

6 faan¹ ke²

蕃茄

xī hóng shì

西红柿

Tomato

토마토

7 sü⁴ zhai²

薯仔

tǔ dòu / mǎ líng shǔ

土豆 / 马铃薯

Potato

감자

8 lo⁴ baak⁶

蘿蔔

luó bo

萝卜

Radish

무

9 hung⁴ lo⁴ baak⁶

紅蘿蔔

hú luó bo

胡萝卜

Carrot

당근

1 fu⁶ zhuk¹
腐竹
fǔ zhú
腐竹
Dried bean curd sheet
두부껍질

2 zhi¹ zhuk¹
枝竹
zhī zhú
枝竹
Dried bean curd stick
튀긴 두부껍질

3 wu⁶ si¹
芋絲
mó yù sī
魔芋丝
Konjac
곤약

4 chung¹
蔥
cōng
葱
Spring onion
파

5 dau⁶ pok¹
豆卜
dòu fū pào / dòu pào
豆腐泡 / 豆泡
Deep-fried bean curd puff
유부

6 but⁶ chai⁴ / ma⁵ tai²
荸薺 / 馬蹄
bí qi / mǎ tí
荸荠 / 马蹄
Water chestnut
올방개

7 nga⁴ choi³
芽菜
dòu yá cài / dòu yá
豆芽菜 / 豆芽
Bean sprout
콩나물

laat⁶ zhiu¹
辣椒
là jiāo
辣椒
Chili pepper
고추

cheng¹ gwa¹
青瓜
huáng guā
黄瓜
Cucumber
오이

yöng⁴ chung¹
洋蔥
yáng cōng
洋葱
Onion
양파

cheng¹ zhiu¹
青椒
qīng jiāo
青椒
Green pepper
피망

naam⁴ gwa¹
南瓜
nán guā
南瓜
Pumpkin
호박

dung¹ gwa¹
冬瓜
dōng guā
冬瓜
White gourd / Winter melon
동아

zhit³ gwa¹
節瓜
jié guā
节瓜
Hairy gourd
직과

chöü³ yuk⁶ gwa¹
翠肉瓜
xī hú lu
西葫芦
Zucchini
애호박

wu⁶ tau²
芋頭
yù tou
芋头
Taro
토란

baak⁶ choi³ (zhai²)

白菜（仔）

xiǎo bái cài / qīng cài

小白菜 / 青菜

Chinese Bok Choi

청경채

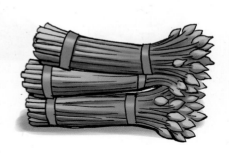

gau² choi³ fa¹

韭菜花

jiǔ cài huā

韭菜花

Chive buds

꽃부추

faan¹ sü²

蕃薯

fān shǔ / dì guā

蕃薯 / 地瓜

Sweet potatoes

고구마

choi³ sam¹

菜心

cài xīn

菜心

Choi sum

초이삼

dau⁶ miu⁴
豆苗
dòu miáo
豆苗
Pea shoots
두묘(완두 새싹)

lin⁴ ngau⁵
蓮藕
lián ǒu
莲藕
Lotus root
연근

gaai³ laan²
芥蘭
jiè lán
芥兰
Chinese kale(Gai Lan)
카이란

bo¹ choi³
菠菜
bō cài
菠菜
Spinach
시금치

saang¹ choi³
生菜
shēng cài
生菜
Lettuce
상추

sai¹ yöng⁴ choi³
西洋菜
xī yáng cài
西洋菜
Watercress
물냉이

suk¹ mai⁵
粟米
yù mǐ
玉米
Corn
옥수수

si¹ gwa¹
絲瓜
sī guā
丝瓜
Luffa / Sponge gourd
수세미

wong⁴ nga⁴ baak⁶ / zhön¹ baak⁶
黃芽白 / 津白
bái cài / shào cài
白菜 / 绍菜
Napa cabbage
배추

tung¹ choi³
通菜
tōng xīn cài / kōng xīn cài
通心菜 / 空心菜
Water spinach
공심채, 통초이

wa¹ wa¹ choi³
娃娃菜
wá wa cài
娃娃菜
Baby Chinese cabbage
아기 배추

sai¹ saang¹ choi³
西生菜
xī shēng cài
西生菜
Head lettuce
양상추

yün⁴ sai¹
芫茜
xiāng cài
香菜
Cilantro / Coriander
고수, 상차이

lou⁶ sön²
蘆筍
lú sǔn
芦笋
Asparagus
아스파라거스

kwan² löü⁶ **菌類**	jùn lèi 菌类	Fungi	버섯류

1 gam¹ gwu¹
金菇
jīn zhēn gū
金针菇
Enokitake mushroom
팽이버섯

2 chou² gwu¹
草菇
cǎo gū
草菇
Straw mushroom
초고(풀버섯)

3 gai¹ bei² gwu¹
雞髀菇
xìng bào gū
杏鲍菇
Shaggy mane
송이버섯

4 dung¹ gwu¹
冬菇
xiāng gū
香菇
Shiitake mushroom
표고버섯

5 mo⁴ gwu¹
蘑菇
kǒu mó / bái mó gu
口蘑 / 白蘑菇
Mushroom
버섯

6 süt³ yi⁵
雪耳
yín ěr / bái mù ěr
银耳 / 白木耳
Snow fungus
흰목이버섯

7 hak¹ muk⁶ yi⁵
黑木耳
hēi mù ěr
黑木耳
Jelly ear
목이버섯

hung⁴ mou⁴ daan¹
紅毛丹
hóng máo dān
红毛丹
Rambutan
람부탄

laam⁴ mui²
藍莓
lán méi
蓝莓
Blueberry
블루베리

bo¹ lo⁴
菠蘿
bō luó
菠萝
Pineapple
파인애플

lau⁴ lin⁴
榴槤
liú lián
榴莲
Durian
두리안

mong¹ gwo²
芒果
máng guǒ
芒果
Mango
망고

lin⁴ mou⁶
蓮霧
lián wù / tiān táo
莲雾 / 天桃
Jambu air / Wax apple
왁스 애플

lung⁴ ngaan⁵
龍眼
lóng yǎn
龙眼
Longan
용안

saan¹ zhuk¹
山（竹／竺）
shān zhú
山竹
Mangosteen
망고스틴

wong⁴ pei²
黃皮
huáng pí
黄皮
Wampee
황피

1 sa¹ tin⁴ yau²
沙田柚
yòu zi
柚子
Shaddock / Pomelo
유자

2 sai¹ yau²
西柚
xī yòu
西柚
Grapefruit
자몽

3 chi²
柿
shì zi
柿子
Persimmon
감

4 fo² lung⁴ gwo²
火龍果
huǒ lóng guǒ
火龙果
Dragon fruit
용과

5 daai⁶ sü⁶ bo¹ lo⁴
大樹菠蘿
bō luó mì
菠萝蜜
Jackfruit
잭프루트

6 yöng⁴ tou²
楊桃
yáng táo
杨桃
Carambola / Star fruit
스타프루트

7 faan¹ sek⁶ lau²
番石榴
fān shí liú
番石榴
Guava
구아바

| lei²
梨
lí
梨
Pear
배 | tou²
桃
táo zi
桃子
Peach
복숭아 | bou³ lam¹
布冧
hēi bù lín / hēi bù lún / hēi lǐ zi
黑布林 / 黑布仑 / 黑李子
Plum
자두 |

| gam¹
柑
jú zi
橘子
Tangerine
귤 | ning⁴ mung¹
檸檬
níng méng
柠檬
Lemon
레몬 | che¹ lei⁴ zhi²
車厘子
yīng táo
樱桃
Cherry
체리 |

| ye⁴ zhi²
椰子
yē zi
椰子
Coconut
코코넛 | mat⁶ gwa¹
蜜瓜
mì guā (qīng pí lǜ ròu guā)
蜜瓜（青皮绿肉瓜）
Melon
메론 | chaang²
橙
chéng zi
橙子
Orange
오렌지 |

muk⁶ gwa¹

木瓜

mù guā

木瓜

Papaya

파파야

lai⁶ zhi¹

荔枝

lì zhī

荔枝

Lychee

리치

ha¹ mat⁶ gwa¹

哈蜜瓜

hā mì guā

哈蜜瓜

Hami melon

하미과

sai¹ gwa¹

西瓜

xī guā

西瓜

Watermelon

수박

kei⁴ yi⁶ gwo²

奇異果

qí yì guǒ / mí hóu táo

奇异果 / 猕猴桃

Kiwi fruit

키위

si⁶ do¹ be¹ lei²

士多啤梨

cǎo méi

草莓

Strawberry

딸기

ping⁴ gwo²

蘋果

píng guǒ

苹果

Apple

사과

tai⁴ zhi²

提子

pú táo

葡萄

Grape

포도

höng¹ zhiu¹

香蕉

xiāng jiāo

香蕉

Banana

바나나

fo² wo¹ dim³
火鍋店
huǒ guō diàn
火锅店
Hot pot restaurant
샤브샤브 전문점

cha⁴ lau⁴ / zhau² lau⁴
茶樓 / 酒樓
chá lóu / jiǔ jiā
茶楼 / 酒家
Chinese restaurant
중화요리점, 딤섬 레스토랑

daai⁶ paai⁴ dong³
大（牌/排）檔
lù biān tān
路边摊
Dai pai dong / Open-air food stall
홍콩식 포장마차

mei⁵ sik⁶ gwong² chöng⁴
美食廣場
měi shí guǎng chǎng
美食广场
Food court
푸드 코트

faai³ chaan¹ dim³
快餐店
kuài cān diàn
快餐店
Fast food shop
패스트푸드점

che¹ zhai² min⁶ dim³
車仔麵店
chē zǎi miàn diàn
车仔面店
Cart noodle restaurant
홍콩식 국수집
(원하는 면 종류와 재료를
자유롭게 선택할 수 있음)

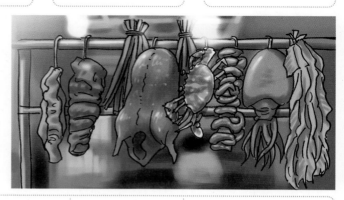

da² laang¹
打冷

Cháo zhōu cài
潮洲菜

Daa laang /
Chaozhou cuisine

중국 차오저우 요리
(차오저우는 광둥성 동부에
위치한 도시)

Chiu⁴ zhau¹ fan² min⁶ dim³
潮洲粉麵店
Cháo zhōu fěn miàn diàn
潮洲粉面店
Chaozhou noodle restaurant
차오저우 면집

cha⁴ chaan¹ teng¹
茶餐廳
chá cān tīng
茶餐厅
Cha chaan teng
(Typical Hong Kong-style restaurants)
홍콩식 간이식당, 홍콩식 패스트푸드점

hoi² sin¹ zhau² ga¹
海鮮酒家
hǎi xiān jiǔ jiā
海鲜酒家
Seafood restaurant
씨푸드 레스토랑

bing¹ sat¹
冰室
bīng shì / chá shì
冰室 / 茶室
Bing sutt / Ice room
(Traditional Hong Kong-style café)
빙실(오래된 홍콩 스타일 카페)

Söng⁶ hoi² choi³ gwun²
上海菜館
Shàng hǎi cài guǎn
上海菜馆
Shanghai cuisine restaurant
상하이 요리 레스토랑

do¹ si²
多士
tǔ sī
吐司
Toast
토스트

yau⁴ zhim¹ do¹
油占多
huáng yóu guǒ jiàng tǔ sī
黄油果酱吐司
Butter and jam toast
잼과 버터 토스트

sa³ de¹ ngau⁴ yuk⁶ baau¹
沙嗲牛肉包
shā diē niú ròu bāo
沙爹牛肉包
Satay beef bread
사테 소고기 빵

naai⁵ zhöng³ do¹
奶醬多
liàn rǔ huā shēng jiàng huáng yóu tǔ sī
炼乳花生酱黄油吐司
Condensed milk and
peanut butter toast
연유 피넛 버터 토스트

naai⁵ yau⁴ do¹
奶油多
liàn rǔ huáng yóu tǔ sī
炼乳黄油吐司
Condensed milk
and butter toast
연유 버터 토스트

bo¹ lo⁴ yau⁴
菠蘿油
bō luó yóu
菠萝油
Pineapple bun with butter
버터 파인애플 빵

sai¹ do¹ si²
西多士
Fǎ guó tǔ sī
法国吐司
French toast
프렌치 토스트

| saam¹ man⁴ zhi⁶
三文治 | sān míng zhì
三明治 | Sandwiches | 샌드위치 |

töü² zhi⁶
腿治
huǒ tuǐ sān míng zhì
火腿三明治
Ham sandwich
햄 샌드위치

daan² zhi⁶
蛋治
jī dàn sān míng zhì
鸡蛋三明治
Egg sandwich
계란 샌드위치

töü² daan² zhi⁶
腿蛋治
tuǐ dàn sān míng zhì
腿蛋三明治
Ham and egg sandwich
계란과 햄 샌드위치

chaan¹ daan² zhi⁶
餐蛋治
cān dàn sān míng zhì
餐蛋三明治
Luncheon meat and egg sandwich
스팸과 계란 샌드위치

min⁵ ngau² zhi⁶
免牛治
niú ròu jiàng sān míng zhì
牛肉酱三明治
Minced beef sandwich
다진 소고기 샌드위치

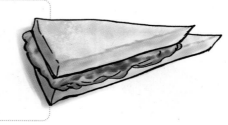

gung¹ si¹ saam¹ man⁴ zhi⁶
公司三文治
gōng sī sān míng zhì
公司三明治
Club sandwich
클럽 샌드위치

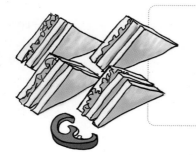

홍콩식 간이식당 | cha⁴ chaan¹ teng¹ 茶餐廳

söt⁶ yü⁵ 術語	shù yǔ 术语	Technical terms	용어

daan¹ ping³
單拼
dān pīn
单拼
1 choice
한 가지 반찬

söng¹ ping³
雙拼
shuāng pīn
双拼
2 choices
두 가지 반찬

ling⁶ söng⁵
另上
lìng shàng
另上
Served separately
토핑, 소스와 밥, 면이 따로 나옴

zhau²~
走~
bú yào~ / qù~
不要~ / 去~
Without ~
~ 없이, ~ 제외

ga¹ dai²
加底
jiā liàng
加量
Extra(rice / noodles)
밥이나 면 추가

hong³ dai²
烘底
hōng dǐ
烘底
Toasted
구운 빵, 토스트

do¹~
多~
duō~
多~
With more ~
~ 을(를) 조금 많게

siu²~
少~
shǎo~
少~
With little ~
~ 을(를) 조금 작게

lai⁶ paai²
例牌
biāo zhǔn fèn liàng
标准份量
Standard size
보통 사이즈

dip⁶ tau² faan⁶
碟頭飯
gài jiāo fàn
盖浇饭
Gaifan
(all served on a plate)
~ 덮밥

1

ngoi[6] maai[6]

外賣

wài mài

外卖

Takeaway

테이크아웃, 포장해 주세요

2

hai[2] dou[6] sik[6]

喺度食

táng chī / diàn nèi jiù cān

堂吃 / 店内就餐

Eat here(i.e. in the restaurant)

식당에서 식사하다

zhaai[1] fe[1]

齋啡

hēi kā fēi

黑咖啡

Black coffee

블랙커피

yün[1] yöng[1]

鴛鴦

yuān yāng / nǎi chá

鸳鸯 / 奶茶

Yuanyang / Coffee with tea

커피 밀크티

cha[4] zhau[2]

茶走

chá zǒu (jiā liàn nǎi nǎi chá)

茶走（加炼奶奶茶）

Milk tea with condensed milk instead of sugar

연유 밀크티

o¹ wa⁴ tin⁴
阿華田
ā huá tián
阿华田
Ovaltine
오발틴

hou² laap⁶ hak¹
好立克
hǎo lì kè
好立克
Horlicks
홀릭스

haam⁴ gam¹ gat¹
鹹柑桔
xián gān jú
咸柑橘
Preserved /
Salted kumquat drink
절인귤 물

ning² mat⁶
檸蜜
níng mì
柠蜜
Honey lemon drink
레몬 허니

ning² ban¹
檸檳
níng bīn
柠宾
Ribena with lemon
레몬 리베나

ning² lok⁶
檸樂
níng lè
柠乐
Coke with lemon
레몬 콜라

ning² fe¹
檸啡
níng fēi / níng méng kā fēi
柠啡 / 柠檬咖啡
Lemon coffee
레몬 커피

naai⁵ cha⁴

奶茶

nǎi chá

奶茶

Milk tea

밀크티

hung⁴ dau² bing¹

紅豆冰

hóng dòu bīng

红豆冰

Red bean ice

팥빙수

haam⁴ ning² chat¹

鹹檸七

xián níng qī

咸柠七

7-Up with salted lemon

절인 레몬 사이다

hang⁶ söng¹

杏霜

xìng rén chá

杏仁茶

Almond milk

아몬드 밀크

ning² söü²

檸水

níng shuǐ

柠水

Lemonade

레몬 워터

choi³ mat⁶

菜蜜

cài mì

菜蜜

Watercress honey drink

물냉이 꿀차

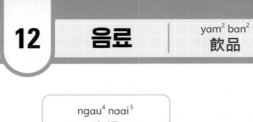

ngau⁴ naai⁵
牛奶
niú nǎi
牛奶
Milk
우유

zhü¹ gwu¹ lik¹ naai⁵
朱古力奶
zhū gǔ lì / qiǎo kè lì nǎi
朱古力 / 巧克力奶
Chocolate milk
초콜릿 우유

söü²
水
shuǐ
水
Water
물

ga³ fe¹
咖啡
kā fēi
咖啡
Coffee
커피

ning⁴ mung¹ cha⁴ / ning² cha⁴
檸檬茶 / 檸茶
níng méng chá / níng chá
柠檬茶 / 柠茶
Lemon tea
레몬티

sa¹ bing¹
沙冰
shā bīng
沙冰
Smoothie
스무디

luk⁶ cha⁴
綠茶
lǜ chá
绿茶
Green tea
녹차

hung⁴ cha⁴
紅茶
hóng chá
红茶
Black tea
홍차

cha⁴ baau¹
茶包
chá bāo
茶包
Teabag
티백

dau⁶ zhöng¹

豆漿

dòu jiāng

豆浆

Soya milk

두유

sün¹ mui⁴ tong¹

酸梅湯

suān méi tāng

酸梅汤

Sour plum drink

시큼한 말린 매실 주스

zhe³ zhap¹

蔗汁

gān zhè zhī

甘蔗汁

Sugarcane juice

사탕수수 주스

yik¹ lik⁶ do¹

益力多

yì lè duō

益乐多

Yakult

요구르트

zhik¹ yung⁴ ga³ fe¹

即溶咖啡

sù róng kā fēi

速溶咖啡

Instant coffee

인스턴트 커피

lei⁶ ban¹ naap⁶

利賓納

lì bīn nà

利宾纳

Ribena

리베나

naai⁵ fan²

奶粉

nǎi fěn

奶粉

Milk powder

분유

zhi² baau¹ yam² ban²

紙包飲品

hé zhuāng yǐn liào

盒装饮料

Packaged beverages

종이팩 음료

| zhau²
酒 | jiǔ
酒 | Alcoholic beverage | 술 |

höng¹ ban¹
香檳
xiāng bīn
香檳
Champagne
샴페인

baak⁶ zhau²
白酒
bái pú táo jiǔ
白葡萄酒
White wine
화이트 와인

hung⁴ zhau²
紅酒
hóng pú táo jiǔ
红葡萄酒
Red wine
레드 와인

be¹ zhau²
啤酒
pí jiǔ
啤酒
Beer
맥주

ching¹ zhau²
清酒
qīng jiǔ
清酒
Sake
사케

wai¹ si⁶ gei²
威士忌
wēi shì jì
威士忌
Whisky
위스키

mai⁵ zhau²
米酒
mǐ jiǔ
米酒
Rice wine
소주

gai¹ mei⁵ zhau²
雞尾酒
jī wěi jiǔ
鸡尾酒
Cocktail
칵테일

| cha⁴ 茶 | chá 茶 | Tea | 차 |

1 (bou² / pou²) lei²
普洱
pǔ ěr
普洱
Pu-erh tea
보이차

2 söü² sin¹
水仙
shuǐ xiān
水仙
Narcissus tea
수선차

3 tit³ gwun¹ yam¹
鐵觀音
tiě guān yīn
铁观音
Tieguanyin
철관음차

4 sau⁶ mei²
壽眉
shòu méi
寿眉
Shoumei tea
수미차

5 wu¹ lung² cha⁴
烏龍茶
wū lóng chá
乌龙茶
Oolong
우롱차

6 höng¹ pin²
香片
mò lì huā chá
茉莉花茶
Jasmine tea
자스민차

lung⁴ zheng²
龍井
lóng jǐng
龙井
Longjing tea
용정차

guk¹ pou²
菊普
jú pǔ
菊普
Pu-erh tea with Chrysanthemum
국화 보이차

음료

yam² ban²
飲品

löng⁴ cha⁴ 涼茶	liáng chá 涼茶	Chinese herbal tea	한방차

①	ya⁶ sei³ mei² **廿四味**	èr shí sì wèi 二十四味	24 Flavored Tea	24가지 약재로 끓이는 한방차 (해독 작용 및 과도한 열기를 제거함)
②	gam² mou⁶ cha⁴ **感冒茶**	gǎn mào chá 感冒茶	Flu Tea	감기차 (감기를 예방함)
③	höü³ sap¹ cha⁴ **祛濕茶**	qū shī chá 祛湿茶	Dampness Expelling Tea	제습차 (몸 속 불필요한 습기를 제거함)

4	ha⁶ song¹ guk¹ **夏桑菊**	xià sāng jú 夏桑菊	Xia Sang Ju	하상국차 (꿀풀, 뽕나무, 국화로 끓여낸 차로 간의 독을 제거하며 안구 건강에도 좋음)
5	gai¹ gwat¹ chou² **雞骨草**	jī gǔ cǎo 鸡骨草	Canton Love-Pes Vine Tea	중국식 약초차 (닭뼈초라는 보양 약초로 끓여낸 차로 해독, 혈액 순환, 간에 좋음)
6	ha⁶ fu¹ chou² **夏枯草**	xià kū cǎo 夏枯草	Prunella Vulgaris Tea / Heal-all Tea	꿀풀차 (해독 작용 및 과도한 열기를 제거하며 충혈된 눈 완화에 도움이 됨)
7	süt³ lei⁴ cha⁴ **雪梨茶**	xuě lí chá 雪梨茶	Pear Tea	배차 (기침 증상을 완화하고 몸의 과도한 열기를 제거함)
8	gwai¹ ling⁴ gou¹ **龜苓膏**	guī líng gāo 龟苓膏	Tortoise Jelly	거북 등껍질 젤리 (해독 작용, 피부 개선, 변비 예방, 인후통 및 치질 완화에 도움이 되는 한방 젤리)
9	guk¹ fa¹ cha⁴ **菊花茶**	jú huā chá 菊花茶	Chrysanthemum Tea	국화차 (위통, 안통 완화 및 피로 회복에 도움이 됨)
10	fo² ma⁴ yan⁴ **火麻仁**	huǒ má rén 火麻任	Hemp Seed Tea	화마인 (변비를 예방함)

dim² sam¹ 點心	diǎn xīn 点心	Dim sum	딤섬

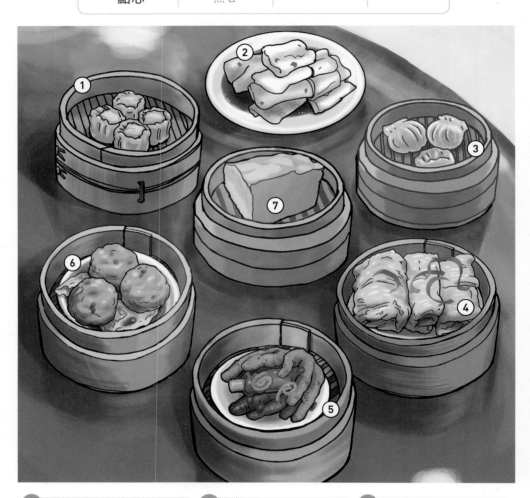

1	2	3
siu¹ maai² **燒賣** shāo mài 烧卖 Steamed pork and mushroom shumai dumplings 생선과 돼지고기로 만든 딤섬	chöng² fan² **腸粉** cháng fěn 肠粉 Steamed rice-noodle rolls 쌀가루로 만든 롤	ha¹ gaau² **蝦餃** xiā jiǎo 虾饺 Steamed shrimp dumplings 새우 만두

4

sin¹ zhuk¹ gün²

鮮竹卷

xiān zhú juǎn

鲜竹卷

Assorted meat wrapped in
bean curd sheet

찐 두부껍질 말이

5

si⁶ zhap¹ fung⁶ zhaau²

豉汁鳳爪

chǐ zhī fèng zhǎo

豉汁凤爪

Chicken feet with
black bean sauce

검은콩 소스 닭발

6

saan¹ zhuk¹ ngau⁴ yuk⁶

山竹牛肉

shān zhú niú ròu

山竹牛肉

Steamed beef balls
with bean curd sheets

소고기 볼

7

ma⁵ laai¹ gou¹

馬拉糕

mǎ lā gāo

马拉糕

Steamed Cantonese cake

갈색설탕맛 스폰지빵

maan⁶ tau⁴

饅頭

mán tou

馒头

Steamed bread

찐빵

gam¹ chin⁴ tou⁵

金錢肚

jīn qián dǔ

金钱肚

Beef tripe

양념된 소 위장

zhan¹ zhü¹ gai¹

珍珠雞

zhēn zhū jī

珍珠鸡

Sticky rice with chicken
wrapped in lotus leaves

닭고기를 넣은 연잎밥

paai⁴ gwat¹

排骨

pái gǔ

排骨

Pork spare ribs

갈비찜

cha¹ siu¹ baau¹

叉燒包

chā shāo bāo

叉烧包

Steamed barbecued
pork bun

차슈를 넣은 찐빵

haam⁴ söü² gok³
鹹水角
xián shuǐ jiǎo
咸水角
Deep-fried meat dumplings
튀긴 만두

chön¹ gün²
春卷
chūn juǎn
春卷
Spring roll
춘권

wong⁴ gam¹ gou¹
黃金糕
huáng jīn gāo
黃金糕
Golden cake
(Coconut milk cake)
코코넛 밀크 케익

min⁴ fa¹ gai¹
棉花雞
mián huā jī
棉花鸡
Steamed chicken,
fish maw and shiitake mushroom
생선의 부레와 닭고기 찜

daan⁶ saan²
蛋散
dàn sàn
蛋散
Deep-fried sweet egg pastry
계란과 소맥분으로 만든 튀긴 과자

(aap³ / ngaap³) gök³ zhaat³
鴨腳札
yā jiǎo zā
鸭脚扎
Steamed duck feet wrapped
in bean curd sheet
오리발을 두부껍질로 싼 찜

1

ngau⁴ paak³ yip⁶

牛柏葉

niú bǎi yè

牛柏叶

Beef omasum

소 위장찜

2

fung⁶ zhaau² paai⁴ gwat¹ faan⁶

鳳爪排骨飯

fèng zhǎo pái gǔ fàn

凤爪排骨饭

Steamed rice with spare ribs
and chicken feets

닭발과 갈비찜 덮밥

3

gai¹ zhaat³

雞札

jǐ zā

鸡扎

Steamed chicken, taro and fish maw
wrapped in bean curd sheet

닭고기 두부껍질 말이

no⁶ mai⁵ gün²

糯米卷

nuò mǐ juǎn

糯米卷

Sticky rice bun

찹쌀을 넣은 찐빵

1
deng⁶ wai²
訂位
dìng wèi
订位
Reserve seats
예약

2
lok⁶ daan¹
落單
diǎn cài
点菜
Order
주문하다

3
choi³ daan¹
菜單
cài dān
菜单
Menu
메뉴

4
tong¹
湯
tāng
汤
Soup
수프

5
söng⁵ choi³
上菜
shàng cài
上菜
Serve dish
요리가 나온다

6
da² baau¹
打包
dǎ bāo
打包
Wrap up(leftovers)
남은 요리를 포장하다

7
daap³ toi²
搭枱
pīn zhuō
拼桌
Share a table
합석

8
maai⁴ daan¹
埋單
jié zhàng
结账
Pay a bill
계산하다

9
tip¹ si²
貼士
xiǎo fèi
小费
A tip
팁

Bak¹ ging¹ tin⁴ ngaap²
北京填鴨
Běi jīng kǎo yā
北京烤鴨
Peking duck
베이징식 오리구이

wo¹ tip³
鍋貼
guō tiē / jiān jiǎo
鍋貼 / 煎餃
Pan-fried dumpling
군만두

1
suk¹ mai⁵ baan¹ faai³
粟米斑塊
yù mǐ bān kuài
玉米斑块
Rock cod with corn cream sauce
옥수수 소스를 곁들인 흰살생선 튀김

2
sai¹ ning² gai¹
西檸雞
xī níng jī
西柠鸡
Deep-fried chicken with lemon sauce
레몬 소스를 곁들인 후라이드 치킨

1

hung⁴ siu¹ gai¹ si¹ chi³

紅燒雞絲翅

hóng shāo jī sī chì

红烧鸡丝翅

Chinese shark's fin soup with chicken

닭고기 샥스핀 스프

2

zhi¹ si² guk⁶ lung⁴ ha¹

芝士焗龍蝦

zhī shì jú lóng xiā

芝士焗龙虾

Baked lobster with cheese

치즈 바닷가재구이

3

ching¹ zhing¹ sek⁶ baan¹

清蒸石斑

qīng zhēng shí bān

清蒸石斑

Steamed rock cod

우럭찜

| ching¹ zhing¹ sin¹ baau¹ yü⁴
 清蒸鮮鮑魚 | qīng zhēng xiān bào yú
 清蒸鲜鲍鱼 | Steamed abalone | 전복찜 |

1
si⁶ zhiu¹ chaau² sing³ zhi²
豉椒炒蟶子
chǐ jiāo chǎo chēng zi
豉椒炒蛏子
Stir-fried razor clams
with black bean sauce
검은콩 맛조개 볶음

2
gwu¹ lou¹ yuk⁶
咕嚕肉
gū lū ròu / gū lǎo ròu
咕噜肉 / 咕咾肉
Deep-fried pork with sweet
and sour sauce
탕수육

3
lou⁵ fu² baan¹ löng⁵ mei²
老虎斑兩味
lǎo hǔ bān liǎng wèi (liǎng zhǒng zuò fǎ)
老虎斑两味（两种做法）
Tiger grouper in two different
styles(Fried and steamed)
타이거 그루퍼 생선으로 만든 2가지 요리

göng¹ chung¹ chaau² haai⁵

薑蔥炒蟹

jiāng cōng chǎo xiè

姜葱炒蟹

Stir-fried crab
with ginger and scallion

파, 생강과 함께 볶은 게 요리

baak⁶ chök³ ha¹

白灼蝦

bái zhuó xiā

白灼虾

Boiled shrimps

삶은 새우

zhiu¹ yim⁴ laai⁶ liu⁶ ha¹

椒鹽瀨尿蝦

jiāo yán pí pí xiā / jiāo yán xiā pá zi

椒盐皮皮虾 / 椒盐虾爬子

Deep fried mantis shrimp
with spicy salt

갯가재 볶음

gon¹ chaau² ngau⁴ ho²

乾炒牛河

gān chǎo niú hé

干炒牛河

Stir-fried he-fen(flat rice noodles)
with beef and bean sprouts

소고기 볶음면

Söng⁶ hoi² nin⁴ gou¹

上海年糕

Shàng hǎi nián gāo

上海年糕

Shanghai rice cake

상하이식 떡

sün³ yung⁴ fan² si¹ zhing¹ yün⁴ bui³
蒜茸粉絲蒸元貝
suàn róng fěn sī zhēng yuán bèi
蒜茸粉丝蒸元贝
Steamed scallops
with mashed garlic
and bean-starch vermicelli
마늘 당면 가리비찜

lou⁵ söü² ping³ pun²
鹵水拼盤
lǔ wèi pīn pán
卤味拼盘
Braised Platter
(e.g. bean curd, squid, goose)
절인 반찬 모둠

zha³ zhi² gai¹
炸子雞
zhá zǐ jī
炸子鸡
Crispy fried chicken
중국식 크리스피 치킨

sün³ yung⁴ chaau² dau⁶ miu⁴
蒜茸炒豆苗
suàn róng chǎo dòu miáo
蒜蓉炒豆苗
Stir-fried pea sprouts with garlic
마늘 두묘 볶음

1

chung¹ yau⁴ beng²

蔥油餅

cōng yóu bǐng

葱油饼

Scallion pancake

중국식 파전

2

choi³ pong⁴ haai⁵

賽螃蟹

sài páng xiè

赛螃蟹

Scrambled egg white
with crab meat

계란 흰자 게살 볶음

3

zha³ hou⁴ beng²

炸蠔餅

zhá háo bǐng

炸蚝饼

Deep-fried oyster omelette

굴이 들어간 중국식 전

4

tong⁴ chou³ gwat¹

糖醋骨

táng cù pái gǔ

糖醋排骨

Sweet and sour spare ribs

탕수 갈비

gaau² zhi²
餃子
jiǎo zi
饺子
Chinese dumpling
만두

siu² lung⁴ baau¹
小籠包
xiǎo lóng bāo
小笼包
Xiaolongbao
샤오롱빠오

dau⁶ sa¹ wo¹ beng²
豆沙鍋餅
dòu shā guō bǐng
豆沙锅饼
Red bean pancake
중식 단팥을 넣은 팬케이크

chaau² faan⁶
炒飯
chǎo fàn
炒饭
Fried rice
볶음밥

yuk⁶ si¹ chaau² min⁶
肉絲炒麵
ròu sī chǎo miàn
肉丝炒面
Crispy fried noodles with sliced meat
잘게 썬 고기 볶음면

dung¹ bo¹ yuk⁶
東坡肉
dōng pō ròu

东坡肉

Dongpo pork

동파육

sün¹ laat⁶ tong¹
酸辣湯
suān là tāng

酸辣汤

Sour and spicy soup

산라탕

mui⁴ choi³ kau³ yuk⁶
梅菜扣肉
méi cài kòu ròu

梅菜扣肉

Braised pork belly
with preserved vegetables

절인 야채와 돼지고기찜

tong⁴ chou³ yü²
糖醋魚
táng cù yú

糖醋鱼

Sweet and sour fish

탕수 생선

pun⁴ choi³
盆菜
pén cài

盆菜

Poon choi(Food served in a basin)

분채(모둠 요리)

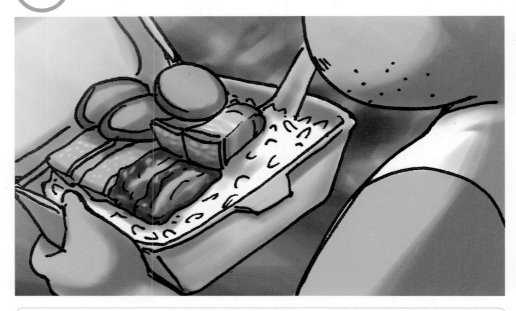

sei³ bou² faan⁶
四寶飯

sì bǎo fàn

四宝饭

Four-Treasure Rice
(Rice with barbecued pork, chicken, roasted pork and salted duck egg)

4종류의 구운 고기와 절인 계란 덮밥

yim⁴ guk⁶ gai¹
鹽焗雞

yán jú jī

盐焗鸡

Salt-roasted chicken

짠맛 치킨

cha¹ siu¹
叉燒

chā shāo

叉烧

B.B.Q. pork

차슈

yü⁵ zhü¹ 乳豬	rǔ zhū 乳猪	Roast suckling pig	아기돼지 구이

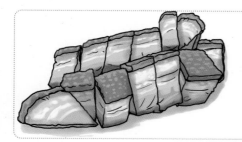

siu¹ naam⁵
燒腩
shāo nǎn ròu
烧腩肉
Roasted pork belly
구운 삼겹살

hung⁴ chöng²
紅腸
hóng cháng
红肠
Red Chinese sausage
붉은 소시지

haam⁴ daan²
鹹蛋
xián dàn
咸蛋
Salted duck egg
소금에 절인 오리알

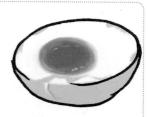

1 yau⁴ gai¹
油雞
yóu jī
油鸡
Steamed soy-marinated chicken
간장치킨

2 baak⁶ chit³ gai¹
白切雞
bái qiē jī
白切鸡
Steamed chicken
찐 닭

3 siu¹ ngo²
燒鵝
shāo é
烧鹅
B.B.Q goose
거위 바베큐

4 siu¹ (aap² / ngaap² / aap³ / ngaap³)
燒鴨
shāo yā
烧鸭
B.B.Q. duck
오리 바베큐

5 yü⁵ gap³
乳鴿
rǔ gē
乳鸽
Roasted pigeon
비둘기구이

siu¹ mei² ping³ pun²
燒味拼盤
shāo wèi pīn pán
烧味拼盘
B.B.Q. platter
모둠구이

1

laap⁶ chöng²

臘腸

là cháng

腊肠

Chinese-style preserved sausage

중국식 말린 소시지

2

yön² chöng²

（膶 / 潤）腸

rùn cháng

润肠

Chinese-style preserved
pork liver sausage

중국식 돼지 간이 들어간 말린 소시지

3

laap⁶ yuk⁶

臘肉

là ròu

腊肉

Chinese-style preserved meat

중국식 말린 고기

4

laap⁶ (aap² / ngaap² / aap³ / ngaap³)

臘鴨

là yā

腊鸭

Chinese-style preserved duck

중국식 말린 오리

1

pei[4] daan[2] sau[3] yuk[6] zhuk[1]

皮蛋瘦肉粥

pí dàn shòu ròu zhōu

皮蛋瘦肉粥

Preserved egg and
shredded pork congee

고기채와 송화단죽

2

ngau[4] yuk[6] zhuk[1]

牛肉粥

niú ròu zhōu

牛肉粥

Beef congee

소고기죽

3

zhü[1] hung[4] zhuk[1]

豬紅粥

zhū hóng zhōu / zhū xuè zhōu

豬紅粥 / 豬血粥

Pig's blood curd congee

돼지 선지죽

4

teng[5] zhai[2] zhuk[1]

艇仔粥

tǐng zǎi zhōu

艇仔粥

Hong Kong Boat Congee
(with cuttlefish and peanuts)

해물 땅콩죽

5

chaai⁴ yü⁴ fa¹ sang¹ zhuk¹
柴魚花生粥
chái yú huā shēng zhōu
柴鱼花生粥

Dried fish and peanuts congee

황태 땅콩죽

6

haai⁵ zhuk¹
蟹粥
xiè zhōu
蟹粥

Crab congee

게죽

7

kap⁶ dai² zhuk¹
及第粥
jí dì zhōu
及第粥

Congee with pig's liver
and intestines

고기채와 각종 돼지 내장죽

8

yü⁴ pin² zhuk¹
魚片粥
yú piàn zhōu
鱼片粥

Sliced fish congee

생선죽

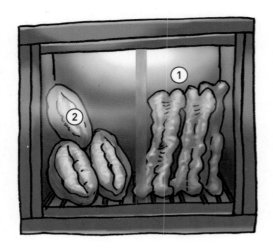

1

yau⁴ zha³ gwai²
油炸鬼
yóu tiáo
油条
Deep-fried fritters
유조, 요우티아오

2

ngau⁴ lei⁶ sou¹
牛脷酥
niú lì sū / mǎ ěr
牛脷酥 / 马耳
Deep-fried Chinese doughnut(Sweet)
중국식 도넛

zha³ löng²
炸両
zhá liǎng
炸两
Deep-fried breadstick wrapped
in rice noodle rolls
쌀로 만든 면을 입힌 튀긴 빵

chaau² min⁶
炒麵
chǎo miàn
炒面
Fried noodles
볶음면

gaan² söü² zhung²

鹹水糭

jiǎn shuǐ zòng

碱水粽

Sweet rice dumpling

대나무 잎으로 싼 단맛 찹쌀밥

haam⁴ yuk⁶ zhung²

鹹肉糭

xián ròu zòng

咸肉粽

Rice dumpling with marinated meat and salted egg

대나무 잎으로 싼 고기 찹쌀밥

zhin¹ döü¹

煎堆

má tuán / má qiú

麻团 / 麻球

Fried sesame ball

참깨 찹쌀 튀김 볼

lo⁴ baak⁶ gou¹

蘿蔔糕

luó bo gāo

萝卜糕

Turnip cake

무로 만든 떡

zhaai¹ chöng²

齋腸

bái cháng fěn

白肠粉

Rice noodle rolls

쌀가루로 만든 롤

4-17 튀김　**283**

1
bo¹ lo⁴ baau¹
菠蘿包
bō luó bāo
菠萝包
Pineapple bun
파인애플 빵

2
paai⁴ baau¹
排包
pái bāo
排包
Sweet bread roll
밀크 버터 빵

3
tai⁴ zhi² mak⁶ baau¹
提子麥包
tí zi mài bāo
提子麦包
Raisin wheat bread
건포도를 넣은 빵

4
chöng² zhai² baau¹
腸仔包
cháng zǎi bāo / xiāng cháng miàn bāo
肠仔包 / 香肠面包
Sausage bun
소시지 빵

5
gai¹ mei⁵ baau¹
雞尾包
jī wěi bāo
鸡尾包
Cocktail bun
(with coconut paste inside)
칵테일 빵

6
chaan¹ baau¹
餐包
cān bāo
餐包
Sweet round bun
세트 메뉴에 따라 나오는 빵

7
zhi² baau¹ daan⁶ gou¹
紙包蛋糕
zhǐ bēi dàn gāo
纸杯蛋糕
Paper-wrapped cake
홍콩식 케이크, 컵케이크

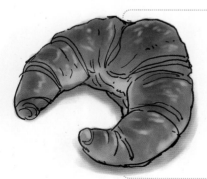

ngau⁴ gok³ baau¹
牛角包
niú jiǎo bāo
牛角包
Croissant
크루아상

8

daan⁶ taat¹
蛋撻
dàn tà
蛋挞
Egg tart
에그타르트

9

ye⁴ taat¹
椰撻
yē tà
椰挞
Coconut tart
코코넛 타르트

10

gai¹ zhai² beng²
雞仔餅
jī zǎi bǐng
鸡仔饼
Kampar chicken biscuit
돼지고기가 들어간 중국식 과자

11

gai¹ pai¹
雞批
jī ròu pài / jī ròu xiàn bǐng
鸡肉派 / 鸡肉馅饼
Chicken pie
치킨 파이

12

hap⁶ tou⁴ sou¹

合桃酥

hé táo sū

合桃酥

Walnut biscuit

호두과자

13

lou⁵ po⁴ beng²

老婆餅

lǎo po bǐng

老婆饼

Wife cake
(with winter melon paste inside)

광둥식 전통 찹쌀 과자

14

| wu⁴ dip⁶ sou¹ **蝴蝶酥** | hú dié sū 蝴蝶酥 | Palmiers | 팔미에 |

paau³ fu⁴

泡芙

pào fú

泡芙

Cream puff

슈크림

dung¹ lat¹

冬甩

tián tián quān

甜甜圈

Donut

도넛

1

daan⁶ gün²

蛋卷

dàn juǎn

蛋卷

Egg roll

에그롤

2

fong¹ baau¹

方包

bái miàn bāo

白面包

White bread

식빵

3

kuk¹ kei⁴ beng²

曲奇餅

qū qí bǐng gān

曲奇饼干

Cookies

쿠키

4

Söü⁶ si⁶ gün²

瑞士卷

Ruì shì juǎn

瑞士卷

Swiss roll

롤케이크

5

daan⁶ gou¹

蛋糕

dàn gāo

蛋糕

Cake

케이크

6

zhi¹ si² tiu²

芝士條

zhī shì tiáo

芝士条

Cheese stick bun

치즈 빵

ping⁴ gwo² pai¹

蘋果批

píng guǒ pài

苹果派

Apple pie

애플파이

baan¹ kik¹

班戟

báo jiān bǐng / sōng bǐng

薄煎饼 / 松饼

Pancake

팬케이크

gaai¹ tau⁴ siu² sik⁶
街頭小食

1

gaak³ zhai² beng²

格仔餅

gé zǎi bǐng

格仔饼

Hong Kong-style waffle
(with peanut butter,
condensed milk and sugar)

연유, 설탕 토핑의 와플

2

zhin¹ yöng⁶ saam¹ bou²

煎釀三寶

jiān niàng sān bǎo

煎酿三宝

The Three Treasures

홍콩 스타일 튀김
(가지, 고추, 소시지 등에
간 생선살을 묻혀 튀겨낸 간식)

3

cha⁴ yip⁶ daan²

茶葉蛋

chá yè dàn

茶叶蛋

Tea egg

차엽란

4

gai¹ daan⁶ zhai²

雞蛋仔

jī dàn zǎi

鸡蛋仔

Egg puff / Bubble waffle

계란빵

ga³ lei¹ yü⁴ daan²
咖喱魚蛋
gā lí yú wán
咖喱鱼丸
Curry fishball
카레맛 피시볼, 카레맛 어묵

ngau⁴ zhaap⁶
牛雜
niú zá
牛杂
Assorted beef offal
여러 소내장을 푹 끓인 요리

yü⁴ yuk⁶ siu¹ maai²
魚肉燒賣
yú ròu shāo mài
鱼肉烧卖
Steamed fish
shumai dumplings
생선 사오마이

①

chaau² löt⁶ zhi²
炒栗子
chǎo lì zi
炒栗子
Fried chestnut
군밤

②

wui¹ faan¹ sü²
煨蕃薯
kǎo hóng shǔ / kǎo dì guā
烤红薯 / 烤地瓜
Baked sweet potato
군고구마

chau³ dau⁶ fu⁶
臭豆腐
chòu dòu fu
臭豆腐
Stinky Tofu
(Deep-fried fermented bean curd)
취두부

| zha³ yau⁴ yü⁴ sou¹ **炸魷魚鬚** | zhá yóu yú xū 炸鱿鱼须 | Deep-fried squid's tentacles with spicy salt | 오징어 튀김 |

chi¹ faan⁶
粢飯
cī fàn
粢饭
Shanghai sticky rice roll
찹쌀이 들어간 상하이 스타일 주먹밥

wun² zhai² chi³
碗仔翅
wǎn zǎi chì
碗仔翅
Imitation shark's fin soup
샥스핀 대신 당면으로 만든 수프

fan² gwo²
粉果
fěn guǒ
粉果

Fun guo
(Steamed dumpling with pork
and peanut filling)

만두

zhü¹ chöng⁴ fan²
豬腸粉
zhū cháng fěn
猪肠粉

Rice noodle rolls with sweet sauce,
peanut sauce and spicy sauce

쌀가루로 만든 롤

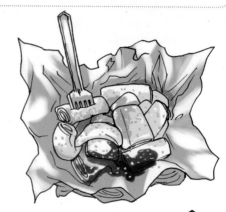

zha³ gai¹ bei²
炸雞髀
zhá jī tuǐ
炸鸡腿

Deep fried drumstick

닭다리 튀김

zhü¹ pei⁴ lo⁴ baak⁶
豬皮蘿蔔
zhū pí luó bo
猪皮萝卜

Stewed pigskin and radish

돼지 껍데기와 무

1

laap⁶ mei² no⁶ mai⁵ faan⁶
臘味糯米飯
là wèi nuò mǐ fàn
腊味糯米饭
Sticky rice with Chinese preserved meat
중식 찰밥

2

saang¹ choi³ yü⁴ yuk⁶
生菜魚肉
shēng cài yú ròu
生菜鱼肉
Minced fish and lettuce soup
상추와 생선 어묵탕

3

saang¹ chöng²
生腸
shēng cháng
生肠
Pig's uterus
절인 돼지 자궁

4

zha³ daai⁶ chöng²
炸大腸
zhá dà cháng
炸大肠
Deep-fried pig's intestines
대장 튀김

zhan¹ zhü¹ naai⁵ cha⁴

珍珠奶茶

zhēn zhū nǎi chá

珍珠奶茶

Pearl milk tea / Bubble tea

대만식 진주 밀크티

chün³ siu¹

串燒

kǎo chuàn

烤串

Grilled skewer

꼬치

zhöng¹ yü⁴ siu² yün² zhi²

鱆魚小丸子

zhāng yú xiǎo wán zi

章鱼小丸子

Takoyaki

타코야끼

döng¹ döng¹ tong²
叮叮糖
dīng dīng táng
叮叮糖
Ding ding tong / Hard maltose candy
홍콩식 엿

bing¹ tong⁴ wu⁴ lou²
冰糖葫蘆
(bīng) táng hú lu
（冰）糖葫芦
Tanghulu / Candied fruit
탕후루

no⁶ mai⁵ chi⁴
糯米糍
nuò mǐ cí
糯米糍
Glutiñous rice dumpling
찹쌀떡

but⁶ zhai² gou¹
（鉢／鉢）仔糕
bō zǎi gāo
砵仔糕
Pu chai ko / Bowl-molded pudding cake with red beans
단팥떡(쌀가루에 팥과 흑설탕 등을 넣고 만든 떡)

tong⁴ chung¹ beng²

糖葱餅

táng cōng bǐng

糖葱饼

Sugar and
coconut flakes crepe

코코넛 가루와 엿을 싼 간식

lung⁴ sou¹ tong²

龍鬚糖

lóng xū táng

龙须糖

Dragon's Beard Candy /
Chinese Cotton Candy

용수당
(설탕, 깨, 땅콩, 코코넛 등을 잘게 썰어 만든 전통 과자)

baak⁶ tong⁴ gou¹

白糖糕

bái táng gāo

白糖糕

White sugar sponge cake

설탕떡

sa¹ löt²
沙律
shā là
沙拉
Salad
샐러드

yöng⁴ chung¹ hün¹
洋蔥圈
yáng cōng quān
洋葱圈
Onion rings
양파링

yit⁶ gau²
熱狗
rè gǒu
热狗
Hot dog
핫도그

ga³ lei¹ gok³
咖喱角
gā lí jiǎo
咖喱角
Samosa / Curry puff
사모사

ngau⁴ yau⁴ suk¹ mai⁵
牛油粟米
huáng yóu yù mǐ
黄油玉米
Buttered corn
버터 옥수수

bok⁶ beng²
薄餅
bǐ sà / pī sà
比萨 / 披萨
Pizza
피자

1

yü⁴ lau⁵ baau¹

魚柳包

yú liǔ bāo / yú liǔ hàn bǎo

鱼柳包 / 鱼柳汉堡

Fish fillet burger

생선 버거

2

sü⁴ tiu²

薯條

shǔ tiáo

薯条

French fries

프렌치프라이

3

zha³ gai¹ chöü²

炸雞鎚

zhá jī tuǐ

炸鸡腿

Deep-fried drumstick

닭다리 튀김

4

hon³ bou² baau¹

漢堡包

hàn bǎo bāo

汉堡包

Hamburger

햄버거

5

sü⁴ yung⁴

薯蓉

tǔ dòu ní

土豆泥

Mashed potato

매쉬드 포테이토

6

sü⁴ gok³

薯角

shǔ jiǎo

薯角

Potato wedges

웨지 감자

7

sü⁴ gaak³	shǔ gé	Waffles fries	벌집 감자
薯格	薯格		

①	②	③
sü⁴ pin² **薯片** shǔ piàn 薯片 Potato chips 감자칩	zhü¹ gwu¹ lik¹ **朱古力** qiǎo kè lì 巧克力 Chocolate 초콜릿	zhi² choi³ **紫菜** zǐ cài / hǎi tái 紫菜 / 海苔 Dried seaweed 김

④	⑤	⑥
bui¹ min⁶ **杯麵** wǎn miàn 碗面 Cup noodles 컵라면	min⁴ fa¹ tong² **棉花糖** mián huā táng 棉花糖 Marshmallow 솜사탕	tong⁴ gwo² **糖果** táng guǒ 糖果 Sweets / Candies 사탕

7
gwun³ tau²
罐頭
guàn tou
罐头
Canned food
통조림

8
gwo² yan⁴
果仁
guǒ rén / jiān guǒ
果仁 / 坚果
Nuts
견과류

9
mong¹ gwo² gon¹
芒果乾
máng guǒ gān
芒果干
Dried mango
건망고

10
ngau⁴ / zhü¹ yuk⁶ gon¹
牛 / 豬肉乾
niú / zhū ròu gān
牛 / 豬肉干
Beef / Pork jerky
육포(소고기, 돼지고기)

11
wa⁴ mui²
話梅
huà méi
话梅
Salty dried plum
건매실

12
ma⁵ zhai²
馬仔
sà qí mǎ
萨（其 / 琪）玛
Sachima
(Chinese-style pastry)
사치마

1

yü⁵ lok⁶
乳酪
suān nǎi
酸奶
Yogurt
요구르트

2

süt³ gou¹
雪糕
bīng qí lín
冰淇淋
Ice cream
아이스크림

3

süt³ tiu²
雪條
bīng bàng / bīng gùnr
冰棒 / 冰棍儿
Ice lolly
아이스바

4

zhe¹ lei²
啫喱
guǒ dòng
果冻
Jelly
젤리

5

bou³ din¹
布甸
bù dīng
布丁
Pudding
푸딩

6

so¹ da² beng²
梳打餅
sū dá bǐng gān
苏打饼干
Cracker
크래커

7

mak⁶ pei⁴
麥皮
mài piàn
麦片
Oatmeal
오트밀

8

chan⁴ pei⁴
陳皮
chén pí
陈皮
Chenpi / Sun-dried
tangerine peel
귤껍질

9

zhi¹ si²
芝士
nǎi lào / zhī shì
奶酪 / 芝士
Cheese
치즈

10

höng¹ hau² gaau¹
香口膠
kǒu xiāng táng
口香糖
Chewing gum
껌

11

hau⁴ tong²
喉糖
hán piàn / rùn hóu táng
含片 / 润喉糖
Cough drop
목캔디

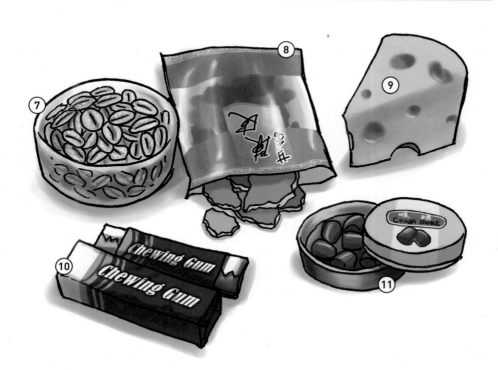

mong¹ gwo² bou³ din¹
芒果布甸
máng guǒ bù dīng
芒果布丁
Mango pudding
망고 푸딩

yöng⁴ zhi¹ gam¹ lou⁶
楊枝甘露
yáng zhī gān lù
杨枝甘露
Mango pomelo sago
망고, 포메로와 사고를 섞어서 만든
수프식 디저트

hap⁶ tou⁴ lou⁶
合桃露
hé táo lù
核桃露
Sweet walnut soup
호두로 만든 수프식 디저트

söng¹ pei⁴ naai⁵
雙皮奶
shuāng pí nǎi
双皮奶
Milk pudding
중국식 밀크 푸딩

hung⁴ dau² sa¹ / luk⁶ dau² sa¹
紅豆沙 / 綠豆沙
hóng dòu shā / lǜ dòu shā
红豆沙 / 绿豆沙
Red / Green bean soup
단팥죽, 녹두죽

zha¹ zha⁴
喳咋
zhā zǎ
喳咋
Mixed bean sweet soup
여러 가지 콩들을 섞어서 만든 수프식 디저트

lau⁴ lin⁴ baan¹ kik¹

榴槤班戟

liú lián bān jǐ

榴莲班戟

Durian pancake

두리안 팬케이크

mong¹ gwo² baan¹ kik¹

芒果班戟

máng guǒ bān jǐ

芒果班戟

Mango pancake

망고 팬케이크

göng¹ zhap¹ zhong⁶ naai⁵

薑汁撞奶

jiāng zhī zhuàng nǎi

姜汁撞奶

Ginger juice milk pudding

생강 우유 푸딩

mong¹ gwo² no⁶ mai⁵ chi⁴

芒果糯米糍

máng guǒ nuò mǐ cí

芒果糯米糍

Glutinous rice dumpling stuffed
with mango

망고 찹쌀떡

fu⁶ zhuk¹ gai¹ daan² tong⁴ söü²

腐竹雞蛋糖水

fǔ zhú jī dàn táng shuǐ

腐竹鸡蛋糖水

Bean curt sheet dessert soup with
boiled egg

두부껍질과 삶은 달걀로 만든 수프식 디저트

faan¹ sü⁴ tong⁴ söü²

蕃薯糖水

fān shǔ táng shuǐ

番薯糖水

Sweet potato dessert soup

고구마로 만든 수프식 디저트

zhi² mai⁵ lou⁶
紫米露
zǐ mǐ lù
紫米露
Black glutinous rice sweet soup
흑미로 만든 수프식 디저트

dan⁶ daan²
燉蛋
dùn dàn
炖蛋
Chinese egg pudding
달콤한 계란 푸딩

sai¹ mai⁵ lou⁶
西米露
xī mǐ lù
西米露
Sago in coconut milk
사고와 코코넛 밀크를 섞어서 만든 수프식 디저트

zhaap⁶ gwo² löng⁴ fan²
雜果涼粉
zá guǒ liáng fěn
杂果凉粉
Grass jelly with fruits
중국식 젤리와 각종 과일로 만든 디저트

dau⁶ fu⁶ fa¹
豆腐花
dòu fu huā
豆腐花
Soybean pudding
연두부로 만든 디저트

zhi¹ ma⁴ wu²
芝（麻／蔴）糊
zhī má hú
芝麻糊
Black sesame soup
다진 검은깨로 만든 수프식 디저트

tong¹ yün² 湯（丸／圓）	tāng yuán 汤圆	Tangyuan (Glutinous rice ball)	수프에 들어 있는 밀가루로 만든 완자

zhi¹ ma⁴
芝（麻／蔴）
zhī má
芝麻
Sesame
참깨

naai⁵ wong⁴
奶皇
nǎi huáng
奶皇
Custard
커스터드 크림

dau⁶ sa¹
豆沙
dòu shā
豆沙
Red bean paste
팥

ma⁵ tai⁴ lou⁶
馬蹄露
bí qí lù
荸荠露
Water chestnut dessert soup
올방개로 만든 수프식 디저트

ye⁴ wong⁴ dan⁶ daan² baak²
椰皇（炖／燉）蛋白
yē huáng dùn dàn bái
椰皇炖蛋白
Steamed egg white with coconut
코코넛 밀크 푸딩

bing¹ tong⁴ dan⁶ yin³ wo¹
冰糖（炖／燉）燕窩
bīng táng dùn yàn wō
冰糖炖燕窝
Double-boiled bird's nest with rock sugar
사탕 제비집찜

muk⁶ gwa¹ süt³ yi⁵ tong⁴ söü²
木瓜雪耳糖水
mù guā xué ěr táng shuǐ
木瓜雪耳糖水
Papaya and snow fungus dessert soup
파파야와 은이 버섯 수프식 디저트

lin⁴ so² sik⁶ si³ **連鎖食肆**	cān yǐn lián suǒ diàn 餐饮连锁店	Restaurant chains	체인점
Hang² dak¹ gei¹ **肯德基 / KFC**	Kěn dé jī 肯德基	Kentucky Fried Chicken	KFC
Mak⁶ dong¹ lou⁴ / Mak⁶ gei³ **麥當勞 / 麥記**	Mài dāng láo 麦当劳	McDonald's	맥도날드
Bit¹ sing³ haak³ **必勝客 / Pizza Hut**	Bì shèng kè 必胜客	Pizza Hut	피자헛
Hon³ bou² wong⁴ **漢堡王 / Burger King**	Hàn bǎo wáng 汉堡王	Burger King	버거킹
Gat¹ ye⁵ ga¹ **吉野家**	Jí yě jiā 吉野家	Yoshinoya	요시노야
Daai⁶ ga¹ lok⁶ **大家樂**	Dà jiā lè 大家乐	Café de Coral	카페 드 코랄
Daai⁶ faai³ wut⁶ **大快活**	Dà kuài huó 大快活	Fairwood	페어우드
Mei⁵ sam¹ faai³ chaan¹ **美心快餐**	Měi xīn kuài cān 美心快餐	Maxim's MX	맥심 MX
Sa³ de¹ wong⁴ **沙嗲王**	Shā diǎ wáng 沙嗲王	Satay King	사타이킹
Yün⁴ hei³ sau⁶ si¹ **元氣壽司**	Yuán qì shòu sī 元气寿司	Genki Sush	겐키스시
Mei⁶ chin¹ laai¹ min⁶ **味千拉麵**	Wèi qiān lā miàn 味千拉面	Ajisen Ramen	아지센 라멘

zhau² lau⁴ 酒樓	Jiǔ jiā 酒家	Chinese restaurants	중화요리점, 레스토랑
Dou⁶ höng¹ 稻香	Dào xiāng 稻香	Tao heung	타오헝
Ming⁴ sing¹ hoi² sin¹ zhau² ga¹ 明星海鮮酒家	Míng xīng hǎi xiān jiǔ jiā 明星海鲜酒家	Star Seafood Restaurant	스타 시푸드 레스토랑
Mei⁵ sam¹ wong⁴ gung¹ 美心皇宮	Měi xīn huáng gōng 美心皇宫	Maxim's Palace	맥심 팰리스
Fu³ lam² zhau² ga¹ 富臨酒家	Fù lín jiǔ jiā 富临酒家	Fulum Restaurant	플럼 레스토랑
cha⁴ chaan¹ teng¹ 茶餐廳	chá cān tīng 茶餐厅	Cha chaan teng (Typical Hong Kong-style restaurants)	홍콩식 간이식당, 홍콩식 패스트푸드점
Taai³ hing¹ 太興	Tài xīng 太兴	Tai Hing	타이힝
Chöü³ wa² chaan¹ teng¹ 翠華餐廳	Cuì huá cān tīng 翠华餐厅	Tsui Wah Restaurant	추이와 레스토랑
tim⁴ ban² dim³ 甜品店	Táng shuǐ diàn 糖水店	Dessert restaurants	디저트 전문점
Mun⁵ gei³ tim⁴ ban² 滿記甜品	Mǎn jì tián pǐn 满记甜品	Honeymoon Dessert	허니문 디저트
Chung⁴ gei³ tong⁴ söü² dim³ 松記糖水店	Sōng jì táng shuǐ diàn 松记糖水店	ChungKee Dessert	청키 디저트
Höü² lau⁴ saan¹ 許留山	Xǔ liú shān 许留山	Hui Lau Shan Healthy Dessert	허유산
Gong² Ou³ yi⁶ sön⁶ ngau⁴ naai⁵ gung¹ si¹ 港澳義順牛奶公司	Gǎng ào yì shùn niú nǎi gōng sī 港澳义顺牛奶公司	Yee Shun Dairy Company	이슌 데일리 컴퍼니

lok⁶ zhoi⁶ Höng¹ gong²

樂在香港

홍콩에서 즐기다

Mai⁵ bou³ zhi⁶ yin⁴ bou² wu⁶ köü¹
米埔自然保護區

Mǐ bù zì rán bǎo hù qū
米埔自然保护区

Mai Po Nature Reserve

마이포 자연 보호구역

Sa¹ tin⁴ ma⁵ chöng⁴
沙田馬場

Shá tián mǎ chǎng
沙田马场

Sha Tin Racecourse

사틴 경마장

Hoi² yöng⁴ gung¹ yün²
海洋公園

Hǎi yáng gōng yuán
海洋公园

Hong Kong Ocean Park

오션파크

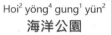

Höng¹ gong² dik⁶ si⁶ nei⁴ lok⁶ yün⁴
香港迪士尼樂園

Xiāng gǎng dí shì ní gōng yuán
香港迪士尼公园

Hong Kong Disneyland

홍콩 디즈니랜드

Sap¹ dei⁶ gung¹ yün²
濕地公園

Xiāng gǎng shī dì gōng yuán
香港湿地公园

Hong Kong Wetland Park

홍콩 습지공원

Si¹ zhi² saan¹
獅子山
Shī zi shān
狮子山

Lion Rock

사자산

Gau² lung⁴ gung¹ yün²
九龍公園
Jiǔ lóng gōng yuán
九龙公园

Kowloon Park

구룡공원

Laan⁴ gwai³ fong¹
蘭桂坊
Lán guì fāng
兰桂坊

Lan Kwai Fong

란콰이퐁

Hung⁴ gwun²
紅館
Hóng kàn tǐ yù guǎn
红磡体育馆

Hong Kong Coliseum

홍함 체육관

Fo¹ hok⁶ gwun²
科學館
Xiāng gǎng kē xué guǎn
香港科学馆

Hong Kong Science Museum

홍콩 과학관

Zhök³ zhai² gaai¹
雀仔街

Què zǎi jiē
雀仔街

Yuen Po Street Bird Garden

새 거리, 새 공원

Bo¹ haai⁴ gaai¹
波鞋街

Bō xié jiē (Qiú xié yì tiáo jiē)
波鞋街（球鞋一条街）

Sneakers Street

운동화 거리

Gam¹ yü⁴ gaai¹
金魚街

Jīn yú jiē
金鱼街

Goldfish Market

금붕어 마켓

Nöü⁵ yan² gaai¹
女人街

Nǔ rén jiē
女人街

Ladies' Market

여인가

Fa¹ yün⁴ gaai¹
花園街

Huā yuán jiē
花园街

Fa Yuen Street

파윤 스트리트

Miu⁶ gaai¹

廟街

Miào jiē
庙街

Temple Street

템플 스트리트

Fa¹ höü¹ dou⁶

花墟道

Huā xū dào
花墟道

Flower Market Road

꽃 시장

Yuk⁶ hei³ si⁵ chöng⁴

玉器市場

Yù qì shì chǎng
玉器市场

Jade Market

옥 시장

Wong⁶ gok³ hang⁴ yan⁴ zhün¹ yung⁶ köü¹

旺角行人專用區

Wàng jiǎo xíng rén zhuān yòng qū
旺角行人专用区

Pedestrian Area(Mongkok)

몽콕 보행자 전용 구역

Gam¹ zhi² ging¹ gwong² chöng⁴

金紫荊廣場

Jīn zǐ jīng guǎng chǎng
金紫荆广场

Golden Bauhinia Square

골든 바우히니아 광장(금 자경화 광장)

Höng¹ gong² wui⁶ yi⁵ zhin² laam⁵ zhung¹ sam¹
香港會議展覽中心

Xiāng gǎng huì yì zhǎn lǎn zhōng xīn /
Xiāng gǎng huì zhǎn zhōng xīn
香港会议展览中心 /
香港会展中心

Hong Kong Convention and Exhibition Centre

홍콩 컨벤션 전시센터

Mo¹ lo¹ gaai¹
摩羅街

Mó luó jiē
摩罗街

Lascar Row / Cat Street
(Famous for antiques)

캣 스트리트(골동품 거리)

Sek⁶ baan² gaai¹ / But¹ din¹ zha³ gaai¹
石板街 / 砵甸乍街

Shí bǎn jiē / Bō diàn zhà jiē
石板街 / 砵甸乍街

Stone Slabs Street / Pottinger Street
(With outdoor shops along stone steps selling
interesting goods, seals, souvenirs, etc.)

석판 거리, 포팅거 스트리트
(돌 계단을 따라 흥미로운 물건들,
기념품을 판매하는 상점들이 많은 거리)

Ching¹ ma⁵ daai⁶ kiu⁴
青馬大橋

Qīng mǎ dà qiáo
青马大桥

Tsing Ma Bridge

청마대교

Wai⁴ do¹ lei⁶ a³ gung¹yün²	Wéi duō lì yà gōng yuán	Victoria Park	빅토리아파크
維多利亞公園	维多利亚公园		

Ngong⁴ ping⁴ saam¹ luk⁶ ling⁴
昂坪 360

Áng píng sān liù líng
昂坪 360

Ngong Ping 360

옹핑 360

No⁴ a³ fong¹ zhau¹
挪亞方舟

Mǎ wān gōng yuán nuò yà fāng zhōu
马湾公园诺亚方舟

Noah's Ark

마완공원에 있는 노아의 방주

Höng¹ gong² zhai² bei⁶ fung¹ tong⁴
香港仔避風塘

Xāng gǎng zǎi bì fēng táng
香港仔避风塘

Aberdeen Typhoon Shelter

애벌딘 항구

Saan¹ deng²
山頂

Shān dǐng líng xiāo gé
山顶凌霄阁

The Peak

더피크

A³ zhau¹ gwok³ zhai³ bok³ laam⁵ gwun²
亞洲國際博覽館

Yà zhōu guó jì bó lǎn guǎn
亚洲国际博览馆

AsiaWorld-Expo

아시아 월드 엑스포

1

Taai³ hung¹ gwun²
太空館

Xiāng gǎng tài kōng guǎn
香港太空馆

Hong Kong Space Museum

홍콩 우주 박물관

2

Man⁴ fa³ zhung¹ sam¹
文化中心

Wén huà zhōng xīn
文化中心

Hong Kong Cultural Centre

문화 센터

3

Sing¹ gwong¹ daai⁶ dou⁶
星光大道

Xīng guāng dà dào
星光大道

Avenue of Stars

스타의 거리

4

Zhim¹ sa¹ zhöü² zhung¹ lau⁴
尖沙咀鐘樓

Jiān shā zuǐ zhōng lóu
尖沙嘴钟楼

Tsim Sha Tsui Clock Tower

침사추이 시계탑

5

Tin¹ sing¹ ma⁵ tau⁴
天星碼頭

Tiān xīng mǎ tóu
天星码头

Star Ferry Pier

스타 페리 부두

6

Wai⁴ do¹ lei⁶ a³ gong²
維多利亞港

Wéi duō lì yà gǎng
维多利亚港

Victoria Harbour

빅토리아 하버

löü⁵ hang⁴ tün⁴
旅行團
lǚ xíng tuán
旅行团
Group tour
단체 관광

zhi⁶ yau⁴ hang⁴
自由行
zì yóu xíng
自由行
Self-guided tour
자유 여행

zhi⁶ ga³ yau⁴
自駕遊
zì jià yóu
自驾游
Self-driving tour
자동차 여행, 자가 운전 여행

chim¹ zhing³
簽證
qiān zhèng
签证
Visa
비자

lai⁶ zhi¹ yün⁴
荔枝園
lì zhī yuán
荔枝园
Lychee farm
리치 농장

si⁶ do¹ be¹ lei² yün⁴
士多啤梨園
cǎo méi yuán
草莓园
Strawberry farm
딸기 농장

zhaap⁶ hap⁶
集合

jí hé
集合

Gather

집합, 집합하다

chöt¹ faat³
出發

chū fā
出发

Departure

출발, 출발하다

gaai² saan³
解散

jiě sàn
解散

Dismiss

해산하다

zhi⁶ yau⁴ wut⁶ dung⁶
自由活動

zì yóu huó dòng
自由活动

Free time

자유 활동

laam⁴ kau⁴
籃球
lán qiú
籃球

Basketball

농구

bing¹ bam¹ bo¹
乒乓波
pīng pāng qiú
乒乓球

Table tennis

탁구

gwan² zhuk⁶ lau⁴ bing¹
滾軸溜冰
liū bīng / huá hàn bīng
溜冰 / 滑旱冰

Roller skating

롤러 스케이트

zhuk¹ kau⁴
足球
zú qiú
足球

Soccer

축구

chök³ kau⁴
桌球
tái qiú
台球

Snooker / Billiards

당구

waat⁶ süt³
滑雪
huá xuě
滑雪

Skiing

스키

paang⁵ kau⁴
棒球
bàng qiú
棒球

Baseball

야구

mong⁵ kau⁴
網球
wǎng qiú
网球

Tennis

테니스

duk⁶ muk⁶ zhau¹
獨木舟
dú mù zhōu
独木舟

Canoe

카누

se⁶ zhin³
射箭
shè jiàn
射箭

Archery

양궁, 궁도

yü⁵ mou⁴ kau⁴
羽毛球
yǔ máo qiú
羽毛球

Badminton

배드민턴

laam² kau⁴
欖球
gǎn lǎn qiú
橄榄球

Rugby

럭비

paai⁴ kau⁴
排球
pái qiú
排球

Volleyball

배구

tai² chou¹
體操

tǐ cāo
体操

Gymnastics

체조

lau⁴ bing¹
溜冰

huá bīng
滑冰

Skating

스케이트

bou² ling⁴ / luk¹ ling¹
保齡 / 碌齡

bǎo líng qiú
保龄球

Bowling

볼링

chou² dei⁶ gwan² kau⁴
草地滾球

cǎo dì gǔn qiú
草地滚球

Lawn bowling

론 볼링(잔디에서 하는 볼링)

paau² bou⁶
跑步

pǎo bù
跑步

Running

달리기

ke⁴ ma⁵
騎馬

qí mǎ
骑马

Horse riding

승마

tiu³ söü²
跳水

tiào shuǐ
跳水

Diving

다이빙

yau⁴ söü²
游水

yóu yǒng
游泳

Swimming

수영

(go¹ / gou¹) yi⁵ fu¹ kau⁴
高爾夫球

gāo ěr fū
高尔夫

Golf

골프

yü⁴ ga¹
瑜伽

yú jiā
瑜伽

Yoga

요가

fung¹ faan⁴
風帆

fēng fān
风帆

Windsurfing

윈드서핑

bik¹ kau⁴
壁球

bì qiú
壁球

Squash

스쿼시

gin⁶ san¹ / zhou⁶
健身 / 做 gym

jiàn shēn
健身

Bodybuilding

헬스

diu³ mak⁶ yü⁴
釣墨魚

diào mò yú
钓墨鱼

Cuttlefish fishing

오징어 잡기

diu³ yü²
釣魚

diào yú
钓鱼

Fishing

낚시

zhi⁶ yau⁴ sik¹
自由式

zì yóu yǒng
自由泳

Freestyle

자유형

wa¹ sik¹
蛙式

wā yǒng
蛙泳

Breaststroke

평영

yau⁴ sün⁴ ho²
遊船河

yóu chuán
游船

Take a cruise trip

보트 여행

dip⁶ sik¹
蝶式

dié yǒng
蝶泳

Butterfly

접영

bui³ wing⁶
背泳

yǎng yǒng
仰泳

Backstroke

배영

chim⁴ söü²
潛水

qián shuǐ
潜水

Scuba diving

다이빙

chung¹ long⁶
衝浪
chōng làng
冲浪
Surfing
서핑

wan⁵ löt⁶ wing⁶
韻律泳
yùn lǜ yǒng / shuǐ shàng bā lěi
韵律泳 / 水上芭蕾
Synchronized swimming
수중발레

fau⁴ chim⁴
浮潛
fú qián
浮潜
Snorkeling
스노클링

| mo² hin² **摸蜆** | mō gé lí 摸蛤蜊 | Clam digging | 조개 잡기 |

ye⁵ chaan¹
野餐
yě cān
野餐
Picnic
피크닉

| haang⁴ saan¹ **行山** | pá shān 爬山 | Hiking | 등산하다 |

dung⁶ duk¹ siu³
棟篤笑
tuō kǒu xiù
脱口秀
Stand-up comedy
스텐드업 코미디

tai² daai⁶ hei³
睇大戲
kàn yuè qǔ
看粤曲
Watch a Chinese opera
중국식 오페라를 보다

da² bin¹ lou⁴
打邊爐
huǒ guō
火锅
Have a hot pot
핫팟

siu¹ haau¹
BBQ / 燒烤
shāo kǎo
烧烤
Barbeque
바베큐

baai³ nin⁴
拜年
bài nián
拜年
New-year visits
설 인사를 하러 가다

tün⁴ nin⁴ faan⁶
團年飯
tuán yuán fàn
团圆饭
Family reunion dinner
섣달 그믐날에 먹는 가족 식사

dou³ sou²
倒數
dào shǔ
倒数
Countdown
카운트 다운

king¹ gai² **傾偈** liáo tiān 聊天 Chat 잡담을 나누다	da² ma⁴ (zhök² / zhök³) **打麻雀** dǎ má jiàng 打麻将 Play mahjong 마작을 치다	da² gei¹ **打機** dǎ diàn dòng (yóu xì) 打电动（游戏） Play computer games 게임을 하다	chöng³ **唱 K** kǎ lā 卡拉 OK Sing Karaoke 노래방에 가다

yau⁴ che¹ ho² **遊車河**	dōu fēng 兜风	Go for a ride	드라이브하다
haang⁴ gaai¹ **行街**	guàng jiē 逛街	Go shopping	쇼핑하다
yam² zhau² / yam² ye⁵ **飲酒 / 飲嘢**	hē jiǔ 喝酒	Have some drinks	술을 마시다
zhuk¹ kei² **捉棋**	xià qí 下棋	Play chess	장기를 두다
waan² pe¹ paai² **玩啤牌**	dǎ pū kè 打扑克	Play poker game	포커를 치다
söng⁵ mong⁵ **上網**	shàng wǎng 上网	Surf the internet	인터넷을 하다
tai² hei³ **睇戲**	kàn diàn yǐng 看电影	Watch a movie	영화를 보다
tai² yin² chöng³ wui² **睇演唱會**	tīng yǎn chàng huì 听演唱会	Go to a concert	콘서트를 보다
tai² mou⁵ toi⁴ kek⁶ **睇舞台劇**	kàn wǔ tái jù 看舞台剧	Watch a play	오페라를 보다

마사지

ngon³ mo¹
按摩

gök³ dai² ngon³ mo¹
腳底按摩

zú dǐ àn mó
足底按摩

Foot massage

발 마사지

tau⁴ gin¹ geng² ngon³ mo¹
頭肩頸按摩

tóu jiān jǐng àn mó
头肩颈按摩

Head, shoulder and neck massage

머리, 어깨, 목 마사지

chün⁴ san¹ ngon³ mo¹
全身按摩

quán shēn àn mó
全身按摩

Whole-body massage

전신 마사지

guk⁶ song¹ na⁴
焗桑拿

sāng ná yù
桑拿浴

Have a sauna

사우나

| song¹ na⁴ fong² **桑拿房** | zhēng qì shì 蒸气室 | Steam room | 찜질방 |

töü¹ yau⁴
推油

tuī yóu
推油

Oil massage

오일 마사지

Taai³ sik¹ ngon³ mo¹
泰式按摩

Tài shì àn mó
泰式按摩

Thai massage

태국식 마사지

Yat⁶ sik¹ ngon³ mo¹
日式按摩

Rì shì àn mó
日式按摩

Japanese massage

일본식 마사지

daai⁶ lik⁶ di¹
大力啲

Dà lì diǎn(r) / zhòng diǎn(r)
大力点（儿）/ 重点（儿）

A little bit harder

더 강하게, 더 세게

---

sai³ lik⁶ di¹
細力啲

xiǎo lì diǎn(r) / qīng diǎn(r)
小力点（儿）/ 轻点（儿）

A little bit softer

더 약하게

fuk⁶ mou⁶ fai³ **服務費**	fú wù fèi 服务费	Service charge	서비스 요금
nöü⁵ sing³ zhün¹ yung⁶ **女性專用**	nǚ xìng zhuān yòng 女性专用	For women only	여성 전용
duk⁶ laap⁶ fong² **獨立房**	bāo jiān / bāo xiāng 包间 / 包厢	Private room	개인실, 룸
yüt⁶ wai² ngon³ mo¹ **穴位按摩**	xué wèi àn mó 穴位按摩	Acupressure point massage	경혈 마사지

chöü¹
吹
chuī
吹
Blow-dry
말리다, 드라이하다

yim⁵ **染**	sai² **洗**	din⁶ **電**	zhin² **剪**
rǎn 染	xǐ 洗	tàng 烫	jiǎn 剪
Dye	Wash	Perm	Cut
염색	감다	파마	자르다

faat³ ying⁴ **髮型**	fà xíng 发型	Hairstyles	헤어 스타일

dün² tau⁴ faat³ **短頭髮**	chöng⁴ tau⁴ faat³ **長頭髮**	zhik⁶ faat³ **直髮**	dik¹ söü² **的水**
duǎn fà 短发	cháng fà 长发	zhí fà 直发	bìn jiǎo 鬢角
Short hair	Long hair	Straight hair	Sideburns
짧은 머리	긴 머리	생머리	구레나룻

| bin¹
辮
biàn zi
辫子
Braid
머리를 땋다 | ma⁵ mei⁵
馬尾
mǎ wěi
马尾
Ponytail
포니테일 | lün¹ faat³
攣髮
juǎn fà
卷发
Curly hair
곱슬머리 | gai³
髻
wán zi tóu
丸子头
Bun
번헤어 |

| tau⁴
set 頭
tóu fa zào xíng
头发造型
Hairstyling
헤어 스타일링 | tau¹ bok⁶
偷薄
(xuē / xiāo) báo
削薄
Hair thinning
머리숱을 치다 | lau⁴ hoi²
瀏海
liú hǎi
刘海
Fringe
앞머리 |

söt⁶ yü⁵ **術語**	shù yǔ 术语	Technical Terms	전문용어
din⁶ fu⁶ lei⁴ zhi² **電負離子**	fù lí zǐ tàng 负离子烫	Straight perm	스트레이트 파마
din⁶ lün¹ **電攣**	diàn juǎn tàng 电卷烫	Curly perm	파마
yim⁵ faat³ **染髮**	rǎn fà 染发	Dye hair	염색
tiu¹ yim⁵ **挑染 / Highlight**	tiāo rǎn 挑染	Highlight / Lowlight	하이라이트 염색
guk⁶ yau⁴ **焗油**	jú yóu 焗油	Hair treatment	트리트먼트

yau⁴ sing³
油性

yóu xìng
油性

Oily skin

지성, 유성

man⁵ gam² sing³
敏感性

mǐn gǎn xìng
敏感性

Sensitive skin

민감성

zhung¹ sing³
中性

zhōng xìng
中性

Normal skin

중성

wan⁶ hap⁶ sing³
混合性

hùn hé xìng
混合性

Combination skin

복합성

tüt³ mou⁴
脫毛

tuō máo
脱毛

Removing hair

제모

gon¹ sing³
乾性

gān xìng
干性

Dry skin

건성

daam⁶ baan¹
淡斑
dàn bān
淡斑
Lightening brown spots and freckles
주근깨 개선

höü³ ngaan⁵ doi²
去眼袋
qù yǎn dài
去眼袋
Eye bag removal
애교살 제거

höü³ hak¹ ngaan⁵ hün¹
去黑眼圈
qù hēi yǎn quān
去黑眼圈
Dark circle removal
다크써클 제거

fong⁴ saai³ **防曬**	fáng shài 防晒	Sunscreen	자외선 차단
mei⁵ baak⁶ **美白**	měi bái 美白	Whitening	미백
bou² sap¹ **保濕**	bǎo shī 保湿	Moisturizing	보습
höü³ gok³ zhat¹ **去角質**	qù jiǎo zhì 去角质	Exfoliation	필링
din⁶ ngaan⁵ zhit³ mou⁴ **電眼睫毛**	tàng yǎn jié máo 烫眼睫毛	Eyelash perm	속눈썹 파마

sau² bou⁶ wu⁶ lei⁵
手部護理
shǒu bù hù lǐ
手部护理
Hand care
핸드케어

fung¹ hung¹
豐胸
fēng xiōng
丰胸
Breast augmentation
유방 확대술

tung¹ lam⁴ ba¹
通淋巴
tōng lín bā
通淋巴
Lymphatic drainage
림프 마사지

sau³ min⁶

瘦面

shòu liǎn

瘦脸

Face firming

페이셜 퍼밍

zhou⁶

做 facial

zuò liǎn bù hù lǐ

做脸部护理

Have facial treatment

얼굴 마사지

höü³ baan¹ wu⁶ lei⁵

去斑護理

qū bān hù lǐ

祛斑护理

Freckles lightening treatment

주근깨 케어

gaam² fei⁴ chim¹ tai²

減肥纖體

jiǎn féi xiān tǐ

减肥纤体

Slimming treatment

바디 슬리밍, 바디 케어

fong⁴ zhau³ wu⁶ lei⁵

防皺護理

fáng zhòu hù lǐ

防皱护理

Anti wrinkle treatment

주름 케어

(am³/ngam³) chong¹ wu⁶ lei⁵

暗瘡護理

àn chuāng hù lǐ

暗疮护理

Acne care

여드름 케어

höü³ dau²

去痘

qū dòu

去痘

Acne treatment

여드름 제거

söü² liu⁴

水療 / Spa

shuǐ liáo

水疗 / SPA

Spa

스파

wan¹ chün⁴

溫泉

wēn quán

温泉

Hot spring

온천

zhuk¹ yuk⁶

足浴

zú yù

足浴

Foot-bath

족욕

zham¹ gau³

針灸

zhēn jiǔ

針灸

Acupuncture

침술

gang¹ yi¹ sat¹

更衣室

gēng yī shì

更衣室

Changing room

탈의실

zhing¹ hei³ yuk⁶

蒸氣浴

zhēng qì yù

蒸气浴

Steambath

증기 목욕

gwaat³ sa¹

刮痧

guā shā

刮痧

Gua sha / Coining

꾸아샤(중국의 민간 요법 중 하나)

dung⁶ chi⁴ 動詞	dòng cí 动词	Verb	동사
zhing² 整	zuò 做	Make	하다
tou⁴ 塗	cā / tú 擦 / 涂	Color / Paint	바르다
sau¹ 修	xiū 修	Refine / Have manicure	매니큐어를 받다
chaak³ 拆	chāi 拆	Remove	제거하다

zhung² löü⁶ 種類	zhǒng lèi 种类	Types	종류

sau¹ gaap³ 修甲 xiū zhǐ jiǎ 修指甲 Manicure 매니큐어	gaap³ pin² 甲片 jiǎ piàn 甲片 Nail tips 네일팁	gwong¹ liu⁴ sü⁶ zhi¹ gaap³ / gaap³ 光療樹脂甲 / Gel 甲 guāng liáo níng jiāo zhǐ jiǎ 光疗凝胶指甲 Gel nails 젤네일	söü² zhing¹ gaap³ 水晶甲 shuǐ jīng zhǐ jiǎ 水晶指甲 Acrylic nail 아크릴 네일

söt⁶ yü⁵ 術語	shù yǔ 术语	Technical Terms	전문용어
sim² pin² 閃片	liàng piàn 亮片	Spangle	스팽글
sim² sek⁶ 閃石	shuǐ zuàn 水钻	Stones	스톤
tau³ ming⁴ 透明	tòu míng 透明	Transparent	투명
zhi⁶ yin⁴ 自然	zì rán 自然	Natural	내추럴

daan¹ sik¹
單色
dān sè
单色
Single color
단색, 원톤

söng¹ sik¹
雙色
shuāng sè
双色
Two colors
투톤

zhim⁶ chang⁴
漸層
jiàn biàn (sè)
渐变（色）
Gradation
그라데이션

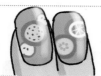

zhi² gaap³ choi² kwui²
指甲彩繪
měi jiǎ cǎi huì
美甲彩绘
Nail art
네일아트

ping⁴ min² waak⁶ fa¹
平面畫花
píng miàn cǎi huì
平面彩绘
Flat nail art
플랫 네일아트

laap⁶ tai² diu¹ fa¹
立體雕花
lì tǐ fěn diāo
立体粉雕
3D nail art
3D 네일아트

(mei¹ / mei⁵) zhi²
尾指
xiǎo zhǐ
小指
Little finger
새끼손가락

mou⁵ zhi²
拇指
mǔ zhǐ
拇指
Thumb
엄지손가락

mou⁴ ming⁴ zhi²
無名指
wú míng zhǐ
无名指
Ring finger
약지손가락

sik⁶ zhi²
食指
shí zhǐ
食指
Index finger
집게손가락

| zhung¹ zhi²
中指 | zhōng zhǐ
中指 | Middle finger | 가운뎃손가락 |

1	fei¹ hang⁴ kei² **飛行棋**	fēi xíng qí 飞行棋	Aeroplane chess	중국식 윷놀이
2	bo¹ zhi² kei² **波子棋**	bō zǐ qí 波子棋	Chinese checkers	중국식 체커, 다이아몬드 게임
3	dau³ sau³ kei² **鬥獸棋**	dòu shòu qí 斗兽棋	Jungle	애니멀 체스
4	wai⁴ kei² **圍棋**	wéi qí 围棋	Go	바둑
5	hak¹ baak⁶ kei² **黑白棋**	hēi bái qí 黑白棋	Othello	오델로

1	zhöng⁶ kei² **象棋**	xiàng qí 象棋	Chinese chess	중국 장기
2	hong¹ lok⁶ kei² **康樂棋**	kāng lè qí 康乐棋	Carrom	까롬
3	**UNO**	UNO	UNO	우노
4	ping⁴ gwo² kei² **蘋果棋**	píng guǒ qí 苹果棋	Connect Four	커넥트 포, 입체 사목게임
5	pe¹ paai² **啤牌**	pū kè pái 扑克牌	Poker	포커
6	gwok³ zhai³ zhöng⁶ kei² **國際象棋**	guó jì xiàng qí 国际象棋	Chess	서양 장기

NOTES